の内容や論展開、要旨を整理したものを用意しました。要点となる箇所を埋めていく空欄補充形式で、本文全体の構成や展開、内容を把握することができます。

⑤内容の理解　客観問題と記述問題とをバランスよく用意し、本文読解にあたって、重要な点を押さえられるようにしました。

◇教科書の学習と関連づける

⑥帯　「漢字・語句」の上部に教科書の本文掲載ページ・行を示す帯、「内容の理解」の上部に意味段落を示す帯を付け、教科書と照合しやすくしました。

⑦脚問・学習　教科書の「脚問」「学習の手引き」「活動の手引き」と関連した問いの下部に、アイコンを付けました。

◆本書の特色

❶新傾向問題　「内容の理解」で、最近の入試傾向をふまえ、会話形式や条件付き記述などの問いを、適宜設定しました。

❷活動　教科書収録教材を主体的に学習する特集ページを設けました。

❸ウェブコンテンツ　漢字の設問を、ウェブ上で繰り返し取り組めるように、二次元コードを設置しました。

❹付録　実用文・グラフ等を読み解く際のポイント解説と実践問題を用意しました。

表現編

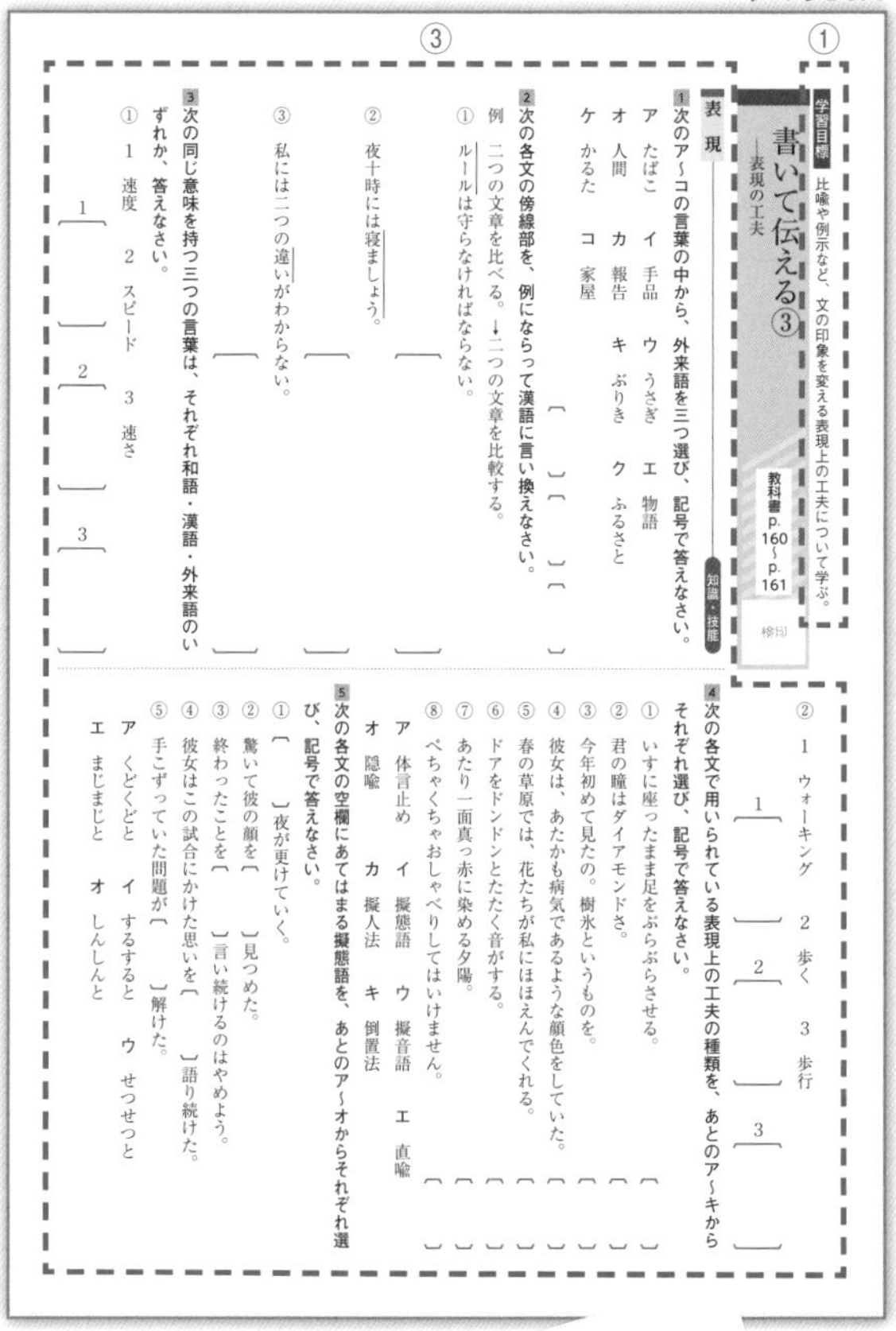

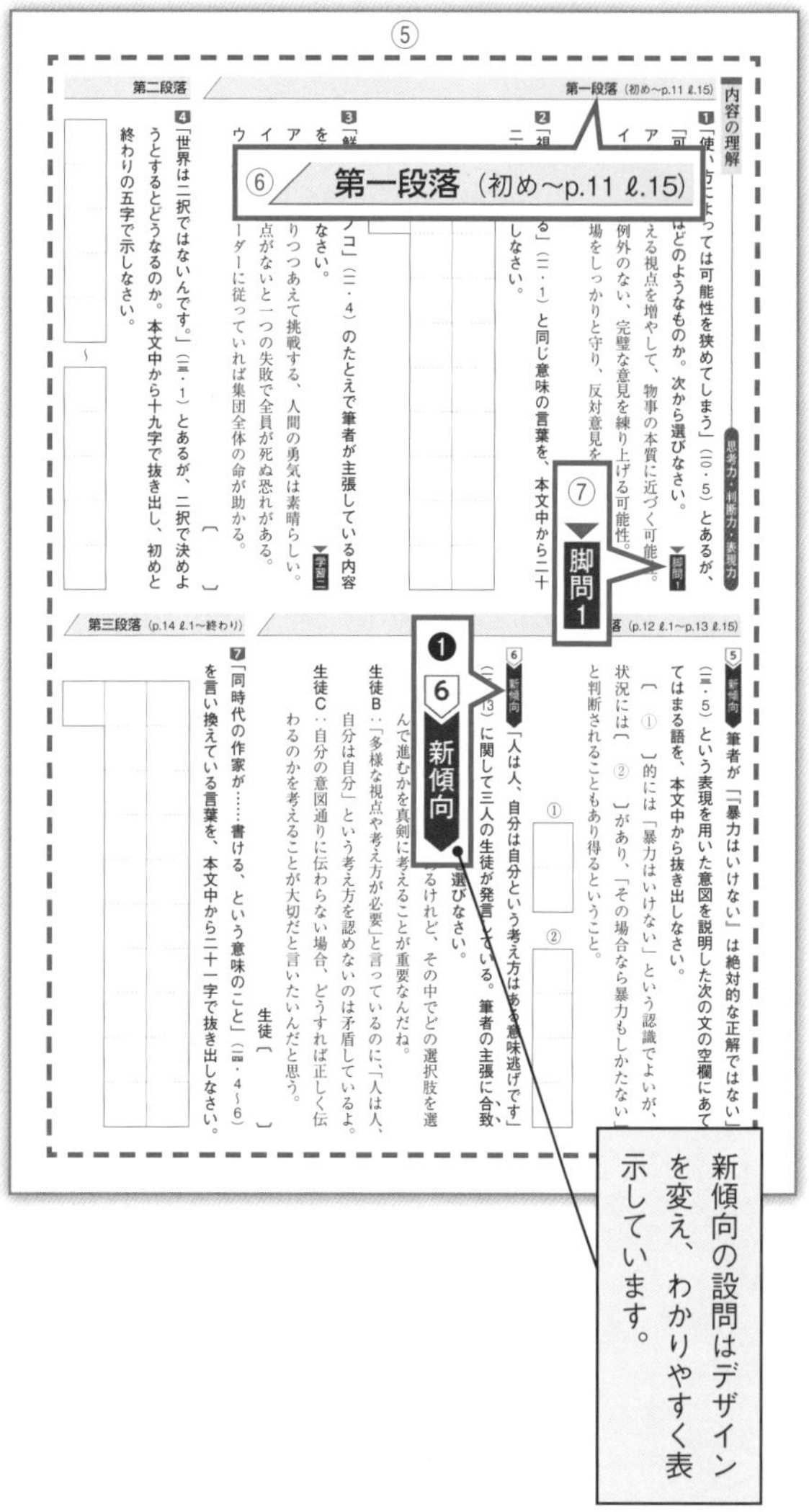

新傾向の設問はデザインを変え、わかりやすく表示しています。

目次

理解編

表現編

付録

プラスウェブ

下にある二次元コードから、ウェブコンテンツの一覧画面に進むことができます。

https://dg-w.jp/b/25d0001

学習目標 本文の内容や文章構成を捉え、筆者の考える読書の効用について理解する。

なぜ本を読むのか（又吉直樹）

教科書 p.10～p.15

検印

漢字 知識・技能

1 太字の仮名を漢字に直しなさい。

① 本を十**さつ**〔　　〕読む。（p.10 ℓ.1）
② 人材を**さいよう**〔　　〕する。（p.10 ℓ.1）
③ 自分と**こと**〔　　〕なる考え方。（p.11 ℓ.1）
④ 新たな**にんしき**〔　　〕を持つ。（p.11 ℓ.2）
⑤ **あざ**〔　　〕やかな色のキノコ。（p.11 ℓ.4）
⑥ **どくじ**〔　　〕の考え方を持つ。（p.11 ℓ.7）
⑦ 意見を**そんちょう**〔　　〕する。（p.11 ℓ.8）
⑧ 主張を**く**〔　　〕り返す。（p.11 ℓ.9）
⑨ **なんかい**〔　　〕なことばかりだ。（p.12 ℓ.2）
⑩ **ぼうりょく**〔　　〕はいけない。（p.12 ℓ.6）
⑪ 大切な**だれ**〔　　〕かのためだ。（p.12 ℓ.12）
⑫ 国王が力を**ふ**〔　　〕るう。（p.12 ℓ.12）
⑬ 何も考えないに**ひと**〔　　〕しい。（p.13 ℓ.3）
⑭ 世間は**ようしゃ**〔　　〕ない。（p.13 ℓ.6）
⑮ **しんけん**〔　　〕に考える。（p.13 ℓ.9）
⑯ 未来を思い**えが**〔　　〕く。（p.13 ℓ.14）
⑰ 相手を**ひはん**〔　　〕する。（p.14 ℓ.6）

2 太字の漢字の読みを記しなさい。

① 断定するのが**口癖**〔　　〕だ。（p.10 ℓ.4）
② 可能性を**狭**〔　　〕める。（p.10 ℓ.5）
③ **複数**〔　　〕の考え方を知る。（p.11 ℓ.1）
④ **極論**〔　　〕を言う。（p.11 ℓ.3）
⑤ その考え方は**駄目**〔　　〕だ。（p.11 ℓ.5）
⑥ 絶対に**避**〔　　〕けたい。（p.11 ℓ.6）
⑦ **混乱**〔　　〕してしまう。（p.11 ℓ.10）
⑧ **葛藤**〔　　〕する人間。（p.11 ℓ.13）
⑨ 間違いを**許容**〔　　〕する。（p.12 ℓ.12）
⑩ 対応は**状況**〔　　〕による。（p.13 ℓ.4）
⑪ 道徳的**規範**〔　　〕からはみ出す。（p.13 ℓ.6）
⑫ 基準は**善悪**〔　　〕ではない。（p.13 ℓ.7）
⑬ 二つの**選択肢**〔　　〕がある。（p.13 ℓ.8）
⑭ **優柔**〔　　〕不断である。（p.13 ℓ.10）
⑮ ある意味で**逃**〔　　〕げである。（p.13 ℓ.13）
⑯ 小説家が**受賞**〔　　〕する。（p.14 ℓ.4）
⑰ 何も**怖**〔　　〕くないと思う。（p.14 ℓ.6）

語句 知識・技能

1 次の太字の語句の意味を調べなさい。

① **極論**を言う。（p.11 ℓ.3）〔　　〕
② **優柔不断**と判断する。（p.13 ℓ.10）〔　　〕
③ **スタンス**をはっきりさせる。（p.13 ℓ.11）〔　　〕

2 次の語句の対義語を書きなさい。

① 立体的 ↔〔　　〕（p.10 ℓ.9）
② 失敗 ↔〔　　〕（p.11 ℓ.4）
③ 複雑 ↔〔　　〕（p.11 ℓ.13）

3 次の語句を使って短文を作りなさい。

① そもそも（p.11 ℓ.12）〔　　〕
② あらゆる（p.14 ℓ.2）〔　　〕

論理の把握

1 空欄に本文中の語句を入れて、内容を整理しなさい。 思考力・判断力・表現力 ▼学習一

第一段落（初め〜p.11 ℓ.15）	第二段落（p.12 ℓ.1〜p.13 ℓ.15）	第三段落（p.14 ℓ.1〜終わり）
筆者の考えの提示１	筆者の考えの提示２	筆者の考えのまとめ
十冊の〔ア　　〕を読んでも十人分の人生がわかるわけではないが、間違いなく視点は増え、問題も立体的に見られるようになり、物事の本質に近づける。 問 なぜ、多様な視点や考え方が必要なのか？ →全人類が同じ考え方しか持っていなかったら、一つの失敗で全員が死ぬから。 （「このキノコを食べてみよう」と全員が思ったら全滅する。） ←〔イ　　〕の考え方はあっていいが、多様であるということは、他の意見も尊重するということである。 （例）近代文学を読めば、一冊で〔ウ　　〕の視点や考えを知ることができるかもしれない。	本からは、生きていくことには〔エ　　〕がないことを学ぶことができる。 （例）「暴力はいけない」は正解だが、絶対的な正解ではない。 …基本的な認識として間違ってはいないが、条件や状況によって〔オ　　〕がある。 →選択肢のどちらに進むかを真剣に考え、社会的な規範の中で自分の考えがどのように理解されるか、正しく伝わるかを考えなくてはならない。	文学作品には、簡単に答えを出さず、あらゆる〔カ　　〕を示してくれるものがたくさんある。 西加奈子のスピーチ「同時代の作家があらゆることを書いてくれるから、自分は自分の信じることを書ける」＝自分がすべてを言おうとしていない 自分は世界の〔キ　　〕であってすべてではない。無数の視点の中から自分の答えを見つければいい。＝本が教えてくれること

要旨

1 空欄に本文中の語句を入れて、全体の要旨を整理しなさい。 思考力・判断力・表現力

十冊の本を読んだからといって十人分の人生がわかるわけではないが、間違いなく〔ア　　〕は増え、問題も〔イ　　〕に見られるようになる。独自の考え方はあっていいが、多様であることは、他の考え方も〔ウ　　〕することである。迷いの中で、自分の考えを示した時、社会的な〔エ　　〕の中でそれがどのように理解されていくのかも考える必要がある。自分は世界の一つであって〔オ　　〕ではないことも本は教えてくれる。

2 右を参考にして、次の空欄に適当な語句を入れて筆者の主張を二文でまとめなさい。

本を読むと、視点が増えて問題も立体的に見えるようになり、物事の本質に近づくことができるようになる。本は、〔　　　　〕ことを教えてくれる。

内容の理解

第一段落（初め～p.11 ℓ.15）

思考力・判断力・表現力

1 「使い方によっては可能性を狭めてしまう」（10・5）とあるが、「可能性」とはどのようなものか。次から選びなさい。 脚問1

ア 問題を捉える視点を増やして、物事の本質に近づく可能性。
イ 間違いや例外のない、完璧な意見を練り上げる可能性。
ウ 自分の立場をしっかりと守り、反対意見を押し切る可能性。

〔　　〕

2 「視点が増える」（二・1）と同じ意味の言葉を、本文中から二十二字で抜き出しなさい。

3 「鮮やかなキノコ」（二・4）のたとえで筆者が主張している内容を次から選びなさい。 学習二

ア 危険と知りつつあえて挑戦する、人間の勇気は素晴らしい。
イ 多様な視点がないと一つの失敗で全員が死ぬ恐れがある。
ウ 優秀なリーダーに従っていれば集団全体の命が助かる。

〔　　〕

第二段落

4 「世界は二択ではないんです。」（三・1）とあるが、二択で決めようとするとどうなるのか。本文中から十九字で抜き出し、初めと終わりの五字で示しなさい。

～

第二段落（p.12 ℓ.1～p.13 ℓ.15）

5 新傾向 筆者が『暴力はいけない』は絶対的な正解ではない」（三・5）という表現を用いた意図を説明した次の文の空欄にあてはまる語を、本文中から抜き出しなさい。

〔　①　〕的には「暴力はいけない」という認識でよいが、状況には〔　②　〕があり、「その場合なら暴力もしかたない」と判断されることもあり得るということ。

①

②

6 新傾向 「人は人、自分は自分という考え方はある意味逃げです」（三・13）に関して三人の生徒が発言している。筆者の主張に合致しない発言をしている生徒を選びなさい。

生徒A：さまざまな意見はあるけれど、その中でどの選択肢を選んで進むかを真剣に考えることが重要なんだね。
生徒B：「多様な視点や考え方が必要」と言っているのに、「人は人、自分は自分」という考え方を認めないのは矛盾しているよ。
生徒C：自分の意図通りに伝わらない場合、どうすれば正しく伝わるのかを考えることが大切だと言いたいんだと思う。

生徒〔　　〕

第三段落（p.14 ℓ.1～終わり）

7 「同時代の作家が……書ける、という意味のこと」（四・4～6）を言い換えている言葉を、本文中から二十一字で抜き出しなさい。

学習目標　具体例や指示語の内容をつかみ、筆者の主張の内容や文章構成を理解する。

世界は謎に満ちている（手塚治虫）

教科書p.16〜p.22

検印

漢字　知識・技能

1 太字の仮名を漢字に直しなさい。

p.16 ℓ.1 ① 神秘が**かいめい**〔　　〕される。
p.16 ℓ.3 ② **えいきゅう**〔　　〕にわからない。
p.16 ℓ.10 ③ 謎が**はっせい**〔　　〕する。
p.17 ℓ.2 ④ **こうきしん**〔　　〕を持つ。
p.17 ℓ.7 ⑤ **きみょう**〔　　〕な人形《ひとがた》。
p.17 ℓ.10 ⑥ **さぎょう**〔　　〕をする。
p.17 ℓ.12 ⑦ 不可思議な**いせき**〔　　〕。
p.18 ℓ.4 ⑧ **たいくつ**〔　　〕する。
p.18 ℓ.13 ⑨ **そうぞう**〔　　〕していた。
p.19 ℓ.4 ⑩ 現地に**とうちゃく**〔　　〕した。
p.19 ℓ.8 ⑪ 絵の**しゅうい**〔　　〕の直線。
p.19 ℓ.10 ⑫ 道がまっすぐに**の**〔　　〕びる。
p.19 ℓ.11 ⑬ **そうだい**〔　　〕な地上絵。
p.20 ℓ.1 ⑭ **きかがく**〔　　〕的な図形。
p.20 ℓ.9 ⑮ 絶海の**ことう**〔　　〕。
p.21 ℓ.7 ⑯ **みち**〔　　〕の世界。
p.21 ℓ.8 ⑰ **よそく**〔　　〕を立てる。

2 太字の漢字の読みを記しなさい。

p.16 ℓ.1 ① 世界各地の**探求**〔　　〕。
p.16 ℓ.1 ② **謎**〔　　〕がある。
p.17 ℓ.3 ③ さまざまな**仮説**〔　　〕。
p.17 ℓ.9 ④ 細い**溝**〔　　〕。
p.17 ℓ.14 ⑤ お金を**貯**〔　　〕める。
p.18 ℓ.1 ⑥ **取材**〔　　〕の依頼。
p.18 ℓ.3 ⑦ 空港から**離陸**〔　　〕する。
p.19 ℓ.9 ⑧ 直線が**交錯**〔　　〕する。
p.19 ℓ.9 ⑨ 地上の**凹凸**〔　　〕。
p.19 ℓ.9 ⑩ **定規**〔　　〕で引いた図面。
p.19 ℓ.14 ⑪ 書き直した**下図**〔　　〕。
p.19 ℓ.14 ⑫ 線が**縦横**〔　　〕に走る。
p.19 ℓ.14 ⑬ 意味不明の**紋様**〔　　〕。
p.20 ℓ.4 ⑭ **得意顔**〔　　〕で言う。
p.20 ℓ.9 ⑮ ひと**抱**〔　　〕えの石。
p.20 ℓ.15 ⑯ やすりで**磨**〔　　〕く。
p.21 ℓ.7 ⑰ 科学の**領分**〔　　〕。

語句　知識・技能

1 次の太字の語句の意味を調べなさい。

p.16 ℓ.2 ① 夢や**ロマン**が失われる。
〔　　〕
p.17 ℓ.15 ② そこを**実地見聞**しようと心に決めた。
〔　　〕
p.18 ℓ.2 ③ 航空会社で小型機を**チャーター**した。
〔　　〕

2 次の空欄に適語を入れなさい。

p.17 ℓ.7 ① 〔　　〕もなく大きな絵。
p.19 ℓ.4 ② 期待に〔　　〕をときめかす。
p.20 ℓ.10 ③ 石の球体にお〔　　〕にかかる。

3 次の語句を使って短文を作りなさい。

p.17 ℓ.1 ① 持論
〔　　〕
p.18 ℓ.15 ② 勝手な
〔　　〕

論理の把握

1 空欄に本文中の語句を入れて、内容を整理しなさい。

思考力・判断力・表現力　▼学習一

第一段落（初め〜p.17 ℓ.3）	第二段落（p.17 ℓ.4〜p.20 ℓ.6）	第三段落（p.20 ℓ.7〜p.21 ℓ.4）	第四段落（p.21 ℓ.5〜終わり）
主張の提示	主張の根拠①	主張の根拠②	主張の再提示
今日の科学技術の〔ア　　〕と世界各地の〔イ　　〕や探求により、謎や〔ウ　　〕が次々に解明された ↓「だんだん夢や〔エ　　〕が失われてきた」と言われる 大人…人間はあらゆる謎を解いて〔オ　　〕は夢を持たなくなるんじゃないか 筆者…その謎に好奇心を持って、仮説を立てる→なんとも〔カ　　〕こと	〈ナスカの地上絵〉 ・筆者の想像と仮説…溝に〔キ　　〕を流して地上に〔ク　　〕の絵を描くためのもの→〔ケ　　〕に使われたのでは？ ・上空から見た地上絵…絵の周囲に無数に引かれた直線の群れ →〔コ　　〕も〔サ　　〕も謎	〈イースター島の石〉 ・〔シ　　〕と呼ばれる古い時代の石→正確な球体・表面がすべすべしている 〈奈良の酒船石〉 ・奇妙な溝のある石→考古学者が調べても、時代と〔ス　　〕は今も謎のまま	古代遺跡は謎が多い。ましてや、自然科学や〔セ　　〕の世界は大部分が未知の領分である。 ← ・仮説を立てる＝ロマン→想像が〔ソ　　〕である可能性もある ・〔タ　　〕をめぐらす＝脳を働かせ若返らせる →好奇心あってこそやれること

要旨

1 空欄に本文中の語句を入れて、全体の要旨を整理しなさい。

思考力・判断力・表現力

〔ア　　〕の発達と〔イ　　〕の開発や探求によって謎が解明され夢が失われてきたと言う。だが、世界にはまだ無数の謎があり、その謎に〔ウ　　〕を持ち〔エ　　〕を立てることは楽しいことだ。ナスカの〔オ　　〕をはじめ、外国や日本の古代遺跡には無数の謎がある。自然科学や未来へ向けての世界は〔カ　　〕の領分で謎が多い。これらの謎に仮説や予測を立て、〔キ　　〕をめぐらすことは脳をはたらかせ若返らせる。それは〔ク　　〕があってこそやれることである。

2 右を参考にして、次の空欄に適当な語句を入れて筆者の主張を三文でまとめなさい。

まだ世界には無数の謎があり、特に自然科学や未来に向けての世界は、大部分が未知の領分である。

これらの謎に、〔　　　　　　　　〕

それは好奇心があってこそやれることだ。

内容の理解

思考力・判断力・表現力

第一段落（初め〜p.17 ℓ.3）

1 新傾向 **「これら」（一六・5）とは、何をさしているか。本文中からあてはまるものをすべて抜き出しなさい。**

2 **「そのうちに、人間は……大人は心配しています。」（一六・8〜9）とあるが、これに対して筆者はどうすることが大事だと言っているか。解答欄の形式に合うように、本文中の語句を用いて、三十字以内で答えなさい。**

ことが大事である。

第二段落（p.17 ℓ.4〜p.20 ℓ.6）

3 **「ばかばかしい作業」（一七・10）と表現しているのはなぜか。次から選びなさい。** 脚問1

ア　飛行技術のない時代に、上空から見ないとわからない地上絵を何のために描いたのか、理解できないから。

イ　溝を掘り、そこに白っぽい砂を入れるという描き方では、労力がかかる割に美しい絵にならないから。

ウ　描かれた当時には飛行機が存在しないのに、空から見て楽しむ目的で地上絵を描いたから。

第二段落（p.17 ℓ.4〜p.20 ℓ.6）

4 **「パイロットが得意顔に言いました。」（二〇・4）とあるが、「得意顔」で言ったのはなぜか。次から選びなさい。** 脚問3

ア　パイロットの考えに反発していた筆者も、現場を見て納得した様子だったから。

イ　空からしか見られない謎の絵を、パイロットは何度も見ていると自慢したかったから。

ウ　現場を見た筆者の驚きが、パイロットの予想したとおりのものだったから。

第三段落（p.20 ℓ.7〜p.21 ℓ.4）

5 **「この石の時代」（二一・3）が謎であるとは、どういうことか。次から選びなさい。**

ア　石の文化が奈良に集中するのはどうしてかということ。

イ　酒船石が造られた時代がいつだったのかということ。

ウ　石器時代にどうやって酒船石を作ったのかということ。

第四段落（p.21 ℓ.5〜終わり）

6 新傾向 **「これらの謎」（二一・8）の「これら」とは、何をさしているか。本文中からあてはまるものをすべて抜き出しなさい。**

7 **「それは好奇心があってこそ」（二一・14）の「それ」とは、何をさしているか。本文中から二十字以内で抜き出しなさい。**

学習目標　筆者の主張の内容や論理の展開を捉え、「言葉」と「言葉遣い」の役割を理解する。

言葉遣いとアイデンティティ（中村桃子）

教科書p.24～p.31

検印

漢字　知識・技能

1 太字の仮名を漢字に直しなさい。

p.24 ℓ.4 ①特徴がそな〔　〕わる。
p.24 ℓ.6 ②特徴にもと〔　〕づく。
p.24 ℓ.8 ③問題のそくめん〔　〕。
p.24 ℓ.10 ④ジェンダーにぞく〔　〕する。
p.25 ℓ.9 ⑤たが〔　〕いに異なる。
p.26 ℓ.11 ⑥習慣というがいねん〔　〕。
p.26 ℓ.13 ⑦げんそう〔　〕を持つ。
p.27 ℓ.4 ⑧じゅうらい〔　〕の関係。
p.27 ℓ.6 ⑨終身こよう〔　〕の関係。
p.28 ℓ.5 ⑩私はもくげき〔　〕した。
p.28 ℓ.9 ⑪相手にさしず〔　〕する。
p.28 ℓ.12 ⑫若者におこ〔　〕られる。
p.29 ℓ.3 ⑬ねんれい〔　〕が上だ。
p.29 ℓ.11 ⑭人間関係をきず〔　〕く。
p.29 ℓ.14 ⑮たいとう〔　〕な関係。
p.30 ℓ.6 ⑯ぎょうかい〔　〕での経験。
p.30 ℓ.9 ⑰ぜんてい〔　〕になる話題。

2 太字の漢字の読みを記しなさい。

p.24 ℓ.6 ①結果として捉〔　〕える。
p.25 ℓ.5 ②言葉遣〔　〕いに気をつける。
p.25 ℓ.14 ③考え方を提案〔　〕する。
p.25 ℓ.14 ④行為〔　〕の原因。
p.26 ℓ.2 ⑤言語を選択〔　〕する。
p.26 ℓ.6 ⑥人称詞〔　〕を調べる。
p.27 ℓ.2 ⑦高度成長期と比〔　〕べる。
p.27 ℓ.2 ⑧夫婦〔　〕関係を結ぶ。
p.27 ℓ.3 ⑨彼は離婚〔　〕してしまった。
p.27 ℓ.8 ⑩契約〔　〕社員が入社する。
p.27 ℓ.8 ⑪現場に派遣〔　〕する。
p.27 ℓ.8 ⑫起業〔　〕が増加した。
p.27 ℓ.15 ⑬敬語〔　〕の例を見る。
p.28 ℓ.4 ⑭戸惑〔　〕った経験がある。
p.28 ℓ.13 ⑮感慨〔　〕深いものがある。
p.29 ℓ.6 ⑯個々〔　〕の場面への対応。
p.30 ℓ.6 ⑰経験を培〔　〕う。

語句　知識・技能

1 次の太字の語句の意味を調べなさい。

p.24 ℓ.5 ①属性に基づく。
〔　〕
p.26 ℓ.11 ②概念を説明する。
〔　〕
p.29 ℓ.8 ③このようなプロセス。
〔　〕

2 次の語句の対義語を書きなさい。

p.25 ℓ.14 ①原因 ↔ 〔　〕
p.27 ℓ.1 ②流動 ↔ 〔　〕
p.28 ℓ.2 ③年少 ↔ 〔　〕

3 次の語句を使って単文を作りなさい。

p.24 ℓ.3 ①あらかじめ
〔　〕
p.30 ℓ.6 ②培う
〔　〕

論理の把握

1 空欄に本文中の語句を入れて、内容を整理しなさい。 思考力・判断力・表現力 ▼学習二

第一段落・第二段落（初め〜p.25 ℓ.13）	第三段落（p.25 ℓ.14〜p.26 ℓ.14）	第四段落（p.26 ℓ.15〜p.27 ℓ.14）	第五段落（p.27 ℓ.15〜p.29 ℓ.9）	第六段落・第七段落（p.29 ℓ.10〜終わり）
本質主義 ［ア　　］をその人にあらかじめ備わっている特性として捉え、人はそれぞれの属性に基づいて言葉を使うという考え方 〔欠点〕人が状況に応じて言葉を使い分けていることを説明できない ←	構築主義 アイデンティティを言語行為の原因ではなく［イ　　］と捉える考え方 繰り返し［ウ　　］的に特定のアイデンティティを表現し続けることで、そのアイデンティティが自分の「核」であるかのような［エ　　］を持つようになる。	構築主義が提案された背景 ｛人間関係が［オ　　］的になった／家族や職場の人間関係が多様化した →人間関係を［カ　　］するための大きな役割を「言葉」が果たす	〔事例1〕 敬語…相手が自分より「［キ　　］」の場合に使う 以前 「年齢」によって上下関係が決まっていた ← 現代社会 年齢だけで上下関係が決まらない 個々の場面で人間関係を調節するため、［ク　　］によって関係を構築している	〔事例2〕 言葉によって、以前よりも［ケ　　］的な人間関係を築こうとする動き ＝新しい関係を作る方法として「言葉」が取り入れられるようになった →構築主義に基づく発想 人間関係が［コ　　］的だとみなされていたときには見えにくかった、言葉がアイデンティティを作り出すはたらきが、現代社会では広く意識されるようになった。

要旨

1 空欄に本文中の語句を入れて、全体の要旨を整理しなさい。 思考力・判断力・表現力

アイデンティティをその人にあらかじめ備わっている特性として捉え、人はそれぞれの属性に基づいて言葉を使うという考え方を［ア　　］と呼ぶ。それに対して、アイデンティティを言語行為の原因ではなく結果と捉えるのは［イ　　］である。現代社会において、新しい人間関係を作る方法として「［ウ　　］」が取り入れられるようになった。言葉が［エ　　］を作り出すはたらきが、現代社会では広く意識されるようになったのである。

2 右を参考にして、次の空欄に適当な語句を入れて筆者の主張を三文でまとめなさい。

人間関係が流動的になった現代では、場面ごとに人間関係を調整していくことが求められている。その調整に「言葉」が大きな役割を果たしている。人間関係が固定的だったときには見えにくかった、言葉が

［　　　　］

内容の理解

思考力・判断力・表現力

第一段落（初め〜p.24 ℓ.2）

1 最初の形式段落の役割を次から選びなさい。

ア 自分を紹介して、読者に親しみを感じさせる役割。
イ 読者に対し、文中のキーワードを提示する役割。
ウ 読者の理解を促すため、まず文章全体の結論を明かす役割。

〔　　〕

第二段落（p.24 ℓ.3〜p.25 ℓ.13）

2 「このような考え方」（二五・3）について、次の問いに答えなさい。

(1)「このような考え方」を言い換えている部分を、本文中から四字で抜き出しなさい。 ▼脚問1

(2) (1)がどのような考え方か説明している部分を本文中から五十九字で抜き出し、初めと終わりの五字で答えなさい。

〜

3 「説明のつかないこと」（二五・3）とは、具体的にどういうことか。解答欄の形式に合うように、本文中の語句を用いて十五字程度で答えなさい。

人はそれぞれの属性に基づいて言葉を使うのではなく、

ということ。

4 新傾向 次の図は「本質主義」と「構築主義」の関係を図示したものである。空欄にあてはまる言葉を、本文中から抜き出しなさい。

	アイデンティティの位置づけ
本質主義	〔 ① 〕
構築主義	言語行為の〔 ② 〕

①

②

第三段落（p.25 ℓ.14〜p.26 ℓ.14）

5 「この問題」（二六・11）とはどのような問題か。本文中の言葉を使って、次の条件を満たすように答えなさい。 ▼脚問2

(1)全体を二十字以上、三十字以内で書くこと。（句読点を含む）
(2)「〜問題。」に続く形で書くこと。

6 筆者が「幻想」（二六・13）という表現を用いた理由を次から選びなさい。

ア アイデンティティが言語行為の結果である以上、それに基づいている自分の「核」は絶対的なものではないため。
イ アイデンティティが自分の「核」だという間違った思い込みを正すべきであることを示すため。
ウ アイデンティティが自分の「核」だという理想は永遠にかなわないことを示すため。

〔　　〕

第四段落 (p.26 ℓ.15〜p.27 ℓ.14)

7 **第四段落は「構築主義が提案された背景とその利点」について説明している。**

(1)「構築主義が提案された背景」にあるものを、本文中から二十五字以内で抜き出しなさい。

(2)「構築主義の利点」を説明した次の文の空欄にあてはまる言葉を、本文中から抜き出しなさい。

〔　①　〕を使い分けることで人間関係を〔　②　〕することができ、自分の〔　③　〕も表現することができる。

①

②

③

8 **「流動的になった」(二七・1)とほぼ同じ意味の言葉を、第四段落中から七字で抜き出しなさい。**

9 **職場における「従来のような伝統的な関係」(二七・4)を支えていたものを、本文中から四字で抜き出しなさい。**

第五段落 (p.27 ℓ.15〜p.29 ℓ.9)

10 **「それ」(二八・5)とはどのようなことを表しているか。次から選びなさい。**

ア　年長者が、若者に仕事を押しつけようとしている場面。

イ　先輩と後輩がチームを組んで仕事をしている場面。

ウ　敬語を使うべき人が、敬語を使わない場面。

〔　　〕

11 **「感慨深い」(二八・13)とあるが、筆者はどういうことに対してこう感じているのか。次から選びなさい。**

ア　若者が五十代の男性との人間関係を調整するため、あえて敬語を使わないこと。

イ　機械に詳しい若者が、客の前なのに偉そうな態度を取ること。

ウ　五十代の男性が、謙虚な姿勢をとることで、逆に若者を教育していること。

〔　　〕

第六段落 (p.29 ℓ.10〜p.30 ℓ.12)

12 **「民主的な人間関係」(二九・11)を言い換えている言葉を、第六段落中から五字で抜き出しなさい。**

13 **「若い社員が自由に意見を述べられる関係は築きにくい」(三〇・7)とあるが、それはなぜか。最も適当なものを次から選びなさい。**

ア　肩書きで呼ぶと、肩書きが上の者に遠慮してしまうから。

イ　意見を述べるほど、若い社員は業界での経験がないから。

ウ　ベテラン社員に従っていればうまくいくから。

〔　　〕

第七段落 (p.30 ℓ.13〜終わり)

15 **「言葉がアイデンティティを作り出すはたらき」(三〇・14)とあるが、この「はたらき」を支えている考え方として適当な言葉を、本文中から四字で抜き出しなさい。**

学習目標　筆者の主張と写真から得られる情報を関連づけながら、言語表現の多様性を理解する。

言語としてのピクトグラム（本田弘之）

教科書p.32～p.42

検印

漢字

知識・技能

1 太字の仮名を漢字に直しなさい。

p.32 ℓ.4　①比較**たいしょう**〔　　〕する。
p.32 ℓ.6　②言語の**しょうへき**〔　　〕。
p.32 ℓ.9　③特徴が**めいりょう**〔　　〕だ。
p.34 ℓ.5　④ＥＵ**かめいこく**〔　　〕に行く。
p.34 ℓ.5　⑤役所に**しんせい**〔　　〕する。
p.35 ℓ.3　⑥新制度を**どうにゅう**〔　　〕する。
p.35 ℓ.6　⑦写真を**かか**〔　　〕げる。
p.36 ℓ.14　⑧ほぼ**ゆいいつ**〔　　〕の方法。
p.37 ℓ.5　⑨壁を**そうしょく**〔　　〕する。
p.38 ℓ.11　⑩**こゆう**〔　　〕名詞の例。
p.39 ℓ.5　⑪地名だと**すいさつ**〔　　〕する。
p.39 ℓ.10　⑫周囲に**こうけん**〔　　〕する。
p.39 ℓ.11　⑬公園の**かんりしゃ**〔　　〕になる。
p.39 ℓ.14　⑭家族を**こうせい**〔　　〕する。
p.40 ℓ.4　⑮イラストを**そ**〔　　〕える。
p.40 ℓ.5　⑯**てじゅん**〔　　〕を考える。
p.40 ℓ.5　⑰対策を**けんとう**〔　　〕する。

2 太字の漢字の読みを記しなさい。

p.32 ℓ.2　①世界各地の**街角**〔　　〕。
p.32 ℓ.3　②**施設**〔　　〕を利用する。
p.32 ℓ.5　③**旅客**〔　　〕を迎える。
p.32 ℓ.5　④列車が**通過**〔　　〕する。
p.33 ℓ.2　⑤**急速**〔　　〕に広がった。
p.33 ℓ.2　⑥**標準**〔　　〕モデル。
p.33 ℓ.12　⑦二つ名を**併記**〔　　〕する。
p.35 ℓ.4　⑧言語に**依存**〔　　〕する。
p.36 ℓ.6　⑨地域の言語を**解**〔　　〕さない。
p.37 ℓ.4　⑩**挿絵**〔　　〕ではない。
p.37 ℓ.5　⑪サインを**補完**〔　　〕する。
p.39 ℓ.2　⑫表記を**採用**〔　　〕する。
p.39 ℓ.3　⑬極力**掲示**〔　　〕しない。
p.39 ℓ.12　⑭不正を**排除**〔　　〕する。
p.40 ℓ.3　⑮画用紙に**作図**〔　　〕する。
p.40 ℓ.7　⑯ずっと**有効**〔　　〕である。
p.40 ℓ.7　⑰**広範囲**〔　　〕に機能する。

語句

知識・技能

1 次の太字の語句の意味を調べなさい。

p.34 ℓ.2　①日本が進むべき**モデル**。
〔　　〕
p.37 ℓ.13　②**一見**しただけではわからない。
〔　　〕

2 次の空欄にあとから適語を選んで入れなさい。

p.33 ℓ.6　①ＥＵに〔　　〕を合わせて調査する。
p.39 ℓ.3　②わかりにくい表記は〔　　〕避ける。

（　焦点　極力　）

3 次の語句を使って短文を作りなさい。

p.35 ℓ.8　①判断に苦しむ
〔　　〕
p.36 ℓ.2　②なじみがない
〔　　〕
p.37 ℓ.14　③添え物
〔　　〕

論理の把握

思考力・判断力・表現力　▼学習一

1 空欄に本文中の語句を入れて、内容を整理しなさい。

●駅でサイン掲示を考える

第一段落（初め～p.33 ℓ.1）	話題提起	公共サインの比較から日本のサインの特徴が明瞭になった
第二段落（p.33 ℓ.2～p.35 ℓ.2）	日本の公共サインの特徴	日本の公共サインの特徴 …〔ア　　〕で書かれたサイン ⇔ ヨーロッパの事例…自国語のみの表記
第三段落（p.35 ℓ.3～p.36 ℓ.8）	EU諸国の公共サイン	EU諸国の公共サインの特徴 …自国の公用語＋〔イ　　〕という「多言語表記」
第四段落（p.36 ℓ.9～p.36 ℓ.15）	筆者の主張	グローバル化に伴う〔ウ　　〕を乗り越える唯一の方法 ＝ ピクトグラムの使用

●ピクトグラムはイラストではない

第一段落（p.37 ℓ.2～p.38 ℓ.7）	ピクトグラムの挿絵化	ピクトグラム掲示をする際、避けること ＝ 「ピクトグラムの挿絵化」 文字によるサインを〔エ　　〕・〔オ　　〕するためにピクトグラムを使用している現象
第二段落（p.38 ℓ.8～p.39 ℓ.1）	例外	文字を併用してよい場合→〔カ　　〕の表記
第三段落（p.39 ℓ.2～p.39 ℓ.12）	ピクトグラム表示の注意点	・ピクトグラムを使用する際〔キ　　〕以外は併記すべきでない ・ピクトグラム表示を〔ク　　〕させる努力をする
第四段落（p.39 ℓ.13～終わり）	結論	ピクトグラムを「言語」と同等のものとみなして使用すれば広範囲に有効に機能する

要旨

思考力・判断力・表現力

1 空欄に本文中の語句を入れて、全体の要旨を整理しなさい。

世界各地の〔ア　　〕の公共サインを調査した結果、サインを〔イ　　〕化する日本と、〔ウ　　〕を使用するEU諸国という違いが明瞭になった。急速に進展する〔エ　　〕化に伴う言語障壁を乗り越えるには「ピクトグラムの使用」が最適であるが、気をつけねばならないことがある。それはピクトグラムの〔オ　　〕である。それを避けるにはピクトグラムには「〔カ　　〕的なもの」以外の文字は掲示しないルールが必要である。

2 右を参考にして、次の空欄に適当な語句を入れて筆者の主張を二文でまとめなさい。

日本では公共サインに「多言語サイン」を使用するという特徴があるが、言語障壁を乗り越えるには、ピクトグラムの使用が最適である。ピクトグラムを使用する際には、ピクトグラムを

〔　　　　〕

内容の理解

思考力・判断力・表現力

●駅でサイン掲示を考える

第一段落（初め〜p.33 ℓ.1）

1 「中でも重点的に調査をしてきたのは、空港や鉄道駅といった公共交通機関の施設です。」（三二・2）とあるが、なぜ「公共交通機関の施設」を調査したのか。本文中の語句を用いて答えなさい。

［　　　　］

2 「日本のサイン掲示の特徴」（三二・8）とは、何か。次から選びなさい。

ア　ピクトグラムを多用したサイン掲示が多いということ。
イ　多言語で書かれたサイン掲示が多いということ。
ウ　文字とピクトグラムを併用したサイン掲示が多いということ。

［　］

第二段落（p.33 ℓ.2〜p.35 ℓ.2）

3 「この思い込み」（三三・6）とは、どのような思い込みか。次から選びなさい。 ▼脚問1

ア　多言語表記が進んだ日本の公共サインは、グローバル化の進んだ欧米諸国の公共サインに近づいてきている。
イ　グローバル化に対応した公共サインを調査するには、EU諸国のものに焦点を当てるのが有効である。
ウ　日本の公共サインは、EU諸国のものと比較するとグローバル化とはほど遠い。

［　］

第三段落

4 「特定の言語（文字）に依存しないピクトグラム」（三五・4）とあるが、「ピクトグラム」について端的に説明する部分を本文中から十字以内で抜き出しなさい。

第四段落

5 「特定の言語」（三六・13）とは、日本においては具体的に何を想定したものか。本文中の言葉を用いて答えなさい。 ▼脚問3

［　　　　］

●ピクトグラムはイラストではない

第一段落（p.37 ℓ.2〜p.38 ℓ.7）

6 「ピクトグラムの挿絵化」（三七・9）について、次の問いに答えなさい。

(1) 「ピクトグラムの挿絵化」とはどのような現象か。本文中の語句を用いて三十字以内で答えなさい。

(2) 「ピクトグラムの挿絵化」が問題なのはなぜか。その説明として適当なものを、次から選びなさい。

ア　すべてを絵に頼ることで、使用する人の言語能力が低下してしまうから。
イ　ピクトグラムの絵柄を世界のすべての国で統一するのが難しいから。
ウ　ピクトグラムがサインになっておらず、文字情報の装飾の意味しか果たしていないから。

［　］

第二段落

7 **「ピクトグラムだけでは伝えられない情報」**（三八・8）**とあるが、それはどのような情報か。本文中から四字で抜き出しなさい。**

□□□□

第三段落（p.39 ℓ.2〜ℓ.12）

8 **「ピクトグラム表記を……掲示すべきではない」**（三九・2〜3）**と筆者が考える理由を述べた部分を本文中から四十五字以内で抜き出し、解答欄の形式に合うように、初めと終わりの六字で答えなさい。（記号は字数に含める）**

□□□□□□〜□□□□□□から。

9 **「それ以上に重要」**（三九・8）**なのはどういうことか。次の中から選びなさい。**

ア　利用者の、「利用しやすい施設」を作ろうとする努力。

イ　設置者の、ピクトグラム表示を徹底させようとする努力。

ウ　管理者の、「いいかげんさ」排除を徹底させようとする努力。

〔　　〕

第四段落（p.39 ℓ.13〜終わり）

10 新傾向 **「サインを多言語化するよりも、ピクトグラムを使用するほうがずっと有効に、広範囲に機能する」**（四〇・6）**とあるが、それはなぜか。理由として適当なものを次からすべて選びなさい。**

ア　サインを多言語化すると、その言語を使用していない人たちに、サインの意味するところが伝わらない可能性が出てきてしまうから。

イ　ピクトグラムはデザインの自由度が文字に比べて大きいので、それぞれの国の特色を生かしたピクトグラムを作ることで、海外の人への歓迎の気持ちを表すことができるから。

ウ　ピクトグラム表示のほうが、どんな言語を使用する人に対しても、サインの意味するところが伝わる可能性が高まるから。

エ　ピクトグラム表示だけでなく、ピクトグラムとその土地の公用語併記のほうが、イラストの意味がわからない人に対しても、サインの意味するところが伝わりやすくなるから。

〔　　〕

全体

11 **筆者の主張について次の問いに答えなさい。**

(1) **筆者の考えに合致するものを次の中から選びなさい。**

ア　グローバル化の進む現代社会において、公共サインの表記は、その国の公用語と同時に世界共通言語といえる英語を併記したものにすべきである。

イ　グローバル社会の進む現代社会において、公共サインは、なるべくカラフルでわかりやすいピクトグラムを用いることが大切である。

ウ　グローバル社会の進む現代社会において、公共サインの表記は、なるべく文字を用いずピクトグラムのみで掲示することが望ましい。

〔　　〕

(2) 新傾向 **教科書の写真1・2（三四ページ）・写真3（三七ページ）・写真4（三八ページ）の中で、筆者の推奨する公共サインにあてはまるものはどれか。すべて選び、写真番号で答えなさい。**

〔　　〕

学習目標　東西の対比関係を整理し、日本の水文化に見られる特徴を読み取る。

水の東西（山崎正和）

教科書p.44～p.50

検印

漢字

知識・技能

1 太字の仮名を漢字に直しなさい。

p.44 ℓ.3 ①**きんちょう**〔　〕が高まる。
ℓ.4 ②ぐらりと**かたむ**〔　〕く。
ℓ.7 ③**たんじゅん**〔　〕なリズム。
ℓ.9 ④くぐもった**おんきょう**〔　〕。
p.45 ℓ.2 ⑤時を**きざ**〔　〕む。
ℓ.6 ⑥人を**しょうかい**〔　〕する。
p.47 ℓ.2 ⑦噴水の**む**〔　〕れ。
ℓ.6 ⑧バロック**ちょうこく**〔　〕。
ℓ.13 ⑨池を**ほ**〔　〕る。
p.48 ℓ.2 ⑩間が**ぬ**〔　〕ける。
ℓ.4 ⑪空気が**かわ**〔　〕く。
ℓ.8 ⑫**あっしゅく**〔　〕する。
ℓ.8 ⑬**ねんど**〔　〕をこねる。
ℓ.11 ⑭西洋人と**ちが**〔　〕う。
ℓ.13 ⑮感性が**うら**〔　〕づける。
ℓ.13 ⑯**じゅどう**〔　〕的な態度。
p.49 ℓ.2 ⑰**だんぞく**〔　〕する音。

2 太字の漢字の読みを記しなさい。

p.44 ℓ.7 ①**緩**〔　〕やかなリズム。
ℓ.8 ②**徒労**〔　〕が繰り返される。
ℓ.9 ③庭の**静寂**〔　〕。
p.45 ℓ.2 ④鹿おどしの**仕掛**〔　〕け。
ℓ.5 ⑤**待合室**〔　〕で見る。
ℓ.6 ⑥**素朴**〔　〕な響き。
ℓ.9 ⑦長い**間隔**〔　〕。
ℓ.11 ⑧**華**〔　〕やかな噴水。
ℓ.14 ⑨**至**〔　〕る所に噴水がある。
ℓ.15 ⑩趣向を**凝**〔　〕らす。
p.47 ℓ.1 ⑪ローマの**郊外**〔　〕。
ℓ.2 ⑫**添**〔　〕えものにすぎない。
ℓ.4 ⑬とどろきながら**林立**〔　〕する。
ℓ.5 ⑭**揺**〔　〕れ動く。
p.48 ℓ.3 ⑮表情に**乏**〔　〕しい。
p.49 ℓ.4 ⑯水を**鑑賞**〔　〕する。
ℓ.4 ⑰行為の**極致**〔　〕。

語句

知識・技能

1 太字の語句の意味を調べなさい。

p.45 ℓ.15 ①**名のある**庭園。
ℓ.15 ②**趣向を凝らす**。

2 次の語句の対義語を書きなさい。

p.44 ℓ.7 ①単純 ↔ 〔　〕
p.48 ℓ.6 ②人工 ↔ 〔　〕
ℓ.7 ③外面的 ↔ 〔　〕
ℓ.13 ④受動的 ↔ 〔　〕
ℓ.14 ⑤積極的 ↔ 〔　〕

3 次の語句を使って短文を作りなさい。

p.44 ℓ.9 ①いやがうえにも
p.47 ℓ.6 ②さながら

論理の把握

1 空欄に本文中の語句を入れて、内容を整理しなさい。　思考力・判断力・表現力

段落	［東］	［西］
第一段落（初め～p.45 ℓ.3）	鹿おどし の紹介 単純な、緩やかなリズムの繰り返し ↓ 〔ア　　〕ものを感じさせる	
第二段落（p.45 ℓ.4～p.47 ℓ.8）	ニューヨークではあまり顧みられない ↔ 〔ウ　　〕水 ↔ 〔カ　　〕な水 ↔	〔イ　　〕が人々をくつろがせる 〔エ　　〕水 風景の中心・壮大な水の造型（バロック彫刻さながら） 〔オ　　〕に静止している 〔キ　　〕な水
第三段落（p.47 ℓ.9～p.48 ℓ.9）	日本の伝統の中には噴水は少ない ←（理由） 水は〔ク　　〕に流れる姿が美しい ↔	水は造型の対象
第四段落（p.48 ℓ.10～終わり）	日本人の好み ← 水にはそれ自体として定まった形はない ↓ 〔ケ　　〕ものを恐れない 〔サ　　〕水 ↔ 水を鑑賞する行為の極致	（〔コ　　〕ものを恐れる） 〔シ　　〕水

要旨

1 空欄に本文中の語句を入れて、全体の要旨を整理しなさい。　思考力・判断力・表現力

「鹿おどし」は我々に〔ア　　〕を感じさせる。一方、西洋の噴水は、噴き上げる水と言え、水が〔イ　　〕に静止して見える造型と言えるが、「鹿おどし」が〔ウ　　〕の間隔により流れを感じさせ、〔エ　　〕的な水であるのと対照的である。日本人は形のない水を〔オ　　〕水として本性のままに受け入れたが、西洋では造型の対象として〔カ　　〕水として定着させた。「鹿おどし」は、日本人が水を鑑賞する極致の仕掛けだと言える。

2 右を参考にして、次の空欄に適当な語句を入れて筆者の主張を二文でまとめなさい。

日本の「鹿おどし」を西洋の噴水と比べると、日本人と西洋人の水に対する感じ方の違いが浮き彫りになる。「鹿おどし」は、〔　　　　　　〕仕掛けであると言える。

内容の理解

思考力・判断力・表現力

第一段落（初め〜p.45 ℓ.3）

1 「筆者が鹿おどしに「なんとなく人生のけだるさのようなものを感じる」（四四・1）のは、鹿おどしのどのような様子からか。第一段落から二点抜き出し、解答欄に合うよう、それぞれ初めと終わりの五字で答えなさい。

［　　　　　］〜［　　　　　］様子。

［　　　　　］〜［　　　　　］様子。

2 「くぐもった優しい音」（四四・5）は、どんなことを印象づけるか。本文中から十字で抜き出しなさい。

［　　　　　　　　　　］

3 「くぐもった音響が……いやがうえにも引き立てる」（四四・9〜10）という状態を表す例として適当なものを次から選びなさい。

ア　広い部屋の中で時計が時を刻む音が聞こえる。

イ　深い山の中は物音一つしない静けさである。

ウ　庭の遠くのほうから人の声が聞こえてくる。

［　］

4 「それ」（四五・1）の指示内容を本文中から抜き出しなさい。　▼脚問2

［　　　　　］

5 新傾向　第一段落の内容に関して四人の生徒が発言している。筆者の主張に合致した発言をしている生徒をすべて選びなさい。

生徒A：「けだるさ」「徒労」などネガティブな言葉を用いているし、筆者は鹿おどしが嫌いなんだと思う。

生徒B：鹿おどしの外見や動き、立てる音などが、目に見えるように丁寧に描写されているね。

生徒C：華やかな西洋の噴水と比べ、鹿おどしの地味で退屈な感じをわざと否定的に強調しているのがわかる。

生徒D：流れる水、時を刻む水、という後の本文に通じる内容が、鹿おどしによって示されているよ。

生徒［　　］

第一段落（初め〜p.45 ℓ.3）

6 「華やかな噴水のほうが、……くつろがせていた」（四五・11〜12）とあるが、その理由を次から選びなさい。

ア　単純で素朴なものより、華やかなもののほうが人目を引くから。

イ　多忙な生活の中では芸術性豊かなものが心にしみ入るから。

ウ　直接視覚で感じ取れる美のほうが多忙な生活に合うから。

［　］

第二段落（p.45 ℓ.4〜p.47 ℓ.8）

7 「壮大な水の造型」（四七・3）を言い換えている部分を、本文中から十字で抜き出しなさい。

［　　　　　　　　　　］

8 「音を立てて空間に静止している」（四七・7）とほぼ同意の部分を、本文中から十五字以内で抜き出しなさい。　▼脚問3

［　　　　　　　　　　　　　　　］

第三段落（p.47 ℓ.9～p.48 ℓ.9）

9 **「日本の噴水はやはり西洋のものほど美しくない。」**（四八・1）**とあるが、その理由を次から選びなさい。**

ア　西洋の方が空気が乾いていて、噴水が引き立つから。
イ　噴水が近代に至るまで作られておらず、伝統が乏しいから。
ウ　町の広場が表情に乏しく、間が抜けているから。　〔　　〕

10 **「日本人が、噴水を作らなかった理由」**（四八・6）**について、外面的な理由を二つ記しなさい。**　▼脚問4

〔　　　　〕
〔　　　　〕

第四段落（p.48 ℓ.10～終わり）

11 **「思想以前の感性」**（四八・12）**が具体的にさしている部分を本文中から二十字以内で抜き出しなさい。**

12 **「もし、流れを……ないと言える。」**（四九・1～2）**について、「水を見る必要さえない」理由を次から選びなさい。**

ア　水の流れるという性質はすでに理解しているから、改めて目で見なくても、水の流れる様子を十分に想像できるから。
イ　断続する音の響きを聞くだけで、その間隙に「流れるもの」を間接に心で味わうことができるから。
ウ　水の流れを純粋に実感しようとするときには、実際に流れる水を見ることがかえって想像力をはたらかせる妨げになるから。　〔　　〕

第四段落（p.48 ℓ.10～終わり）

13 **「断続する音の響きを聞いて、……間接に心で味わえばよい。」**（四九・2～3）**とはどのようなことか。次から選びなさい。**

ア　「鹿おどし」の音を聞き、流れる水が水受けにたまっていく様子を眺め、静かな心持ちで、次の音を聞くこと。
イ　「鹿おどし」の音を聞き、水が水受けにたまるかどうかというようなことは気にもせず、何も考えないで、次の音を聞くこと。
ウ　「鹿おどし」の音を聞き、水がどのように流れているかをイメージしながら次の音を聞くこと。　〔　　〕

14 **「『鹿おどし』は、日本人が水を鑑賞する行為の極致を表す仕掛けだと言える」**（四九・3）**のはなぜか。本文中の語句を用いて、二十五字以内で答えなさい。**　▼学習三

全体

15 **「流れる水と、噴き上げる水。」**（四五・13）、**「時間的な水と、空間的な水。」**（四七・9）、**「見えない水と、目に見える水。」**（四八・15）**の対句表現が文章展開上果たしている役割は何か、次の中から二つ選びなさい。**　▼学習二

ア　東西文化の対比の提示　　イ　東西文化の優劣の提示
ウ　対句表現の前後での話題の転換
エ　意味段落内の内容を象徴的にまとめる　〔　　〕〔　　〕

学習目標　筆者の述べ方に着目して、自分の考えを一般化する方法を学ぶ。

活動　『水の東西』を表現の工夫に着目して読む

教科書 p.44〜p.50

検印

▼活動一

『水の東西』で筆者は、鹿おどしと噴水との対比から導いた自身の感想を、広く日本人全般が持つ「感性」へと一般化して述べるという表現上の工夫を施している。【会話文】は、『水の東西』の学習を終え、筆者の表現の工夫についてクラスで話し合いをしている様子である。

【会話文】

教　師：『水の東西』を学習した感想を発表してみよう。

生徒A：第一段落では、鹿おどしの持つ雰囲気が丁寧に描写されていて、鹿おどしの音を本当に聞いているような気持ちになった。

生徒B：でも、本文で述べられていることは、あくまで①筆者個人の感情であって、日本人全般の感情とは言えないような気がした。

生徒C：たしかに［　A　］などは筆者の主観が強く反映された部分だよね。

教　師：なるほど。第一段落は「鹿おどし」、第二段落は「噴水」に対する筆者の感想が中心に述べられていて、第三、第四段落から、日本と西洋の文化や風土、西洋人や日本人の「感性」へと話が広がっていく。単なる個人の感想ではなくて、東西の文化全般に通底するものがあるというのが筆者の主張だけど、みんなはそこに違和感を覚えたんだね。

生徒A：たしかに、第三、第四段落の文末は、「考えられる」「思われる」「のであろう」のように、②断定を避ける言い方が多いね。

生徒B：結論も「言えるかもしれない」だね。前半は筆者が自分で見聞きしたものだけれど、後半はあくまで仮説であることを示したいのかもしれないな。

生徒C：でも筆者の言うとおり、たしかに日本庭園に人工の池や川はあっても、噴水は少ないよね。日本人が読めば納得できる内容が多いし、単なる個人の感想を超えた文化論と言っていいと思う。

教　師：そう読者に読ませる、説得力のある文章であることが大事だね。

生徒A：そのほかに、第一段落と第四段落に「我々」という主語が出てくるね。「我々」は一人称だから「私」の延長と考えられるけど、本文ではむしろ「［　B　］」に近い意味で用いられているように感じた。

教　師：いいところに気がついたね。実はここに、テーマを一般化させようとする筆者の意図があると考えることができる。

生徒B：「一般化」とはどういうことですか。

教　師：簡単に言えば「全体に通用させること」だね。③「我々」という主語を用いることで、どのようにそれが可能になるかを考えてみよう。

内容の理解

思考力・判断力・表現力

1 傍線部①「筆者個人の感情」とあるが、第二段落（四五・4～四七・8）から、噴水に対して感じた「筆者個人の感情」を述べた表現を七字で抜き出しなさい。

2 空欄Aにあてはまる『水の東西』中の一文を次から選びなさい。

ア　かわいらしい竹のシーソーの一端に水受けがついていて、それに筧の水が少しずつたまる。

イ　そういえばヨーロッパでもアメリカでも、町の広場には至る所に見事な噴水があった。

ウ　そのせいか東京でも大阪でも、町の広場はどことなく間が抜けて、表情に乏しいのである。

〔　　〕

3 傍線部②「断定を避ける言い方」について、次の問いに答えなさい。

(1) 第四段落（四八・10～終わり）から、文末が「断定を避ける言い方」になっている箇所を四字で抜き出しなさい。

(2)「断定を避ける言い方」から読み取れる表現の工夫について、三人の生徒が話し合いをしている。適切な発言をしているのは誰か。次から選びなさい。

生徒A：筆者が欧米で鹿おどしや噴水を見た記憶が曖昧であることを読み手に伝えて、判断が不確かである可能性を示唆しているね。

生徒B：持論に自信はあるけれど、日本人らしい謙虚さをアピールするためにわざと控えめな書き方をしているのでしょう。

生徒C：自分の感想を日本人全体の感性にまで広めるところに論理の飛躍があることを自覚しているから、あえて断定を避けているような気がする。

生徒〔　　〕

4 空欄Bにあてはまる言葉を『水の東西』中から三字で抜き出しなさい。

5 傍線部③「『我々』という主語」について、筆者が結論部分に「我々」という表現を用いたことで、どのようなことが可能になっているのか。次の(1)～(3)の条件を満たすように答えなさい。

条件
(1) 三十字以内で書くこと。（句読点を含む）
(2)「『我々』という表現を用いたことで、……ことが可能になっている。」という解答欄の形式に合うように書くこと。
(3)「日本人」「一般化」という語句を用いること。

「我々」という表現を用いたことで、

ことが可能になっている。

学習目標　具体例や論展開を捉え、ステレオタイプに対する筆者の考えを理解する。

ステレオタイプの落とし穴（原沢伊都夫）

教科書 p.51～p.58

検印

漢字　知識・技能

1 太字の仮名を漢字に直しなさい。

p.51 ℓ.3 ①情報をきおく〔　〕する。
p.51 ℓ.8 ②よしあしをそくてい〔　〕する。
p.51 ℓ.10 ③非常にくつう〔　〕である。
p.52 ℓ.2 ④ようい〔　〕に覚えられる。
p.52 ℓ.7 ⑤情報をかんり〔　〕する。
p.52 ℓ.10 ⑥むいしき〔　〕に行う。
p.52 ℓ.10 ⑦にんち〔　〕する作業。
p.53 ℓ.1 ⑧日本のこくせき〔　〕。
p.53 ℓ.2 ⑨こうりつ〔　〕よくストックする。
p.53 ℓ.5 ⑩知識のこうぞう〔　〕。
p.54 ℓ.9 ⑪船がしず〔　〕む。
p.54 ℓ.11 ⑫あなたはえいゆう〔　〕です。
p.55 ℓ.11 ⑬差別やへんけん〔　〕。
p.55 ℓ.13 ⑭むじひ〔　〕なイメージ。
p.56 ℓ.1 ⑮相手にこうぎ〔　〕する。
p.56 ℓ.2 ⑯イメージをちくせき〔　〕する。
p.56 ℓ.4 ⑰意識がぞうふく〔　〕する。

2 太字の漢字の読みを記しなさい。

p.51 ℓ.2 ①膨大〔　〕な情報。
p.51 ℓ.4 ②取捨〔　〕選択する。
p.51 ℓ.5 ③脳内〔　〕を検査する。
p.52 ℓ.4 ④すべての数字が素数〔　〕である。
p.53 ℓ.5 ⑤概略〔　〕的な知識。
p.53 ℓ.12 ⑥特徴を抽出〔　〕する。
p.54 ℓ.2 ⑦アメリカ人を規定〔　〕する。
p.54 ℓ.9 ⑧速〔　〕やかに海に飛び込む。
p.54 ℓ.12 ⑨あなたは紳士〔　〕です。
p.55 ℓ.3 ⑩韓国〔　〕を旅行する。
p.55 ℓ.13 ⑪冷酷〔　〕なイメージ。
p.55 ℓ.14 ⑫強烈〔　〕に感じる。
p.55 ℓ.14 ⑬嫌悪〔　〕感を持つ。
p.56 ℓ.1 ⑭過激〔　〕な活動。
p.56 ℓ.6 ⑮レッテルを貼〔　〕る。
p.56 ℓ.13 ⑯ステレオタイプに起因〔　〕する。
p.56 ℓ.15 ⑰呪縛〔　〕から解き放つ。

語句　知識・技能

1 次の太字の語句の意味を調べなさい。

p.51 ℓ.9 ①アトランダムに覚える。
〔　〕
p.53 ℓ.3 ②情報をストックする。
〔　〕
p.56 ℓ.14 ③ステレオタイプの落とし穴に注意する。
〔　〕

2 次の語句の対義語を書きなさい。

p.52 ℓ.2 ①容易 ↔〔　〕
p.55 ℓ.8 ②利点 ↔〔　〕
p.56 ℓ.12 ③否定 ↔〔　〕

3 次の語句を使って短文を作りなさい。

p.55 ℓ.10 ①ネガティブ
〔　〕
p.56 ℓ.5 ②マイノリティー
〔　〕

論理の把握

1 空欄に本文中の語句を入れて、内容を整理しなさい。 思考力・判断力・表現力

前半	後半		
第一段落 （初め～p.53 ℓ.7）	**第二段落** （p.53 ℓ.8～p.55 ℓ.7）	**第三段落** （p.55 ℓ.8～p.56 ℓ.13）	**第四段落** （p.56 ℓ.14～終わり）
〔カテゴリー、スキーマについて〕 ・〔ア　〕に情報を覚えるのは困難だが、ある〔イ　〕に入れることで、情報を簡単に整理できる。いわゆる〔ウ　〕であり、このプロセスをカテゴリー化という。 ［カテゴリー化の具体例］：数字の暗記 →素数であると気がつけば簡単に覚えられる ・カテゴリー化された知識構造を〔エ　〕と呼ぶ	〔ステレオタイプについて〕 ・カテゴリー化されたものがすべて同じ特性を持つ、という考え方を〔オ　〕と呼ぶ ［ステレオタイプの具体例］：人種に関するジョーク アメリカ人に「飛び込めばあなたは英雄になります。」 日本人に「みんな飛び込んでますよ。」	〔ステレオタイプの欠点について〕 ・ステレオタイプは、複雑な問題を〔カ　〕化するため記憶しやすい反面、物事を一面的に捉えるため差別や〔キ　〕の意識につながる欠点がある ［ステレオタイプの欠点の具体例］：①「〇〇人」への偏見 中国、韓国による、無慈悲な日本人イメージ 日本人による、中国人や韓国人への負のイメージ ②マイノリティーへの偏見 在日外国人や障害者への偏見	〔ステレオタイプの落とし穴について〕 ステレオタイプの呪縛から解き放たれるために →私たちの認識のメカニズムを知り、たえず〔ク　〕しながらものごとを判断する必要がある。

要旨

1 空欄に本文中の語句を入れて、全体の要旨を整理しなさい。 思考力・判断力・表現力

カテゴリーに入れると情報を簡単に整理できる。このファイリングのプロセスを〔ア　〕といい、〔ア〕された〔イ　〕をスキーマと呼ぶ。カテゴリー化されたものがすべて同じ特性を持つという考え方をステレオタイプと呼ぶ。これは複雑な問題を〔ウ　〕できる反面、差別や偏見につながる欠点がある。その〔エ　〕から解放されるためには、自分の認識のメカニズムを知り、たえず自省しながらものごとを判断する必要がある。

2 右を参考にして、次の空欄に適当な語句を入れて筆者の主張を二文でまとめなさい。

ステレオタイプとは、カテゴリー化されたものがすべて同じ特性を持つとする考え方を言う。ステレオタイプは記憶しやすいという利点がある反面、差別や偏見の意識につながる危険性がある。ステレオタイプの落とし穴に陥らないためには、

〔　　　　〕

内容の理解

思考力・判断力・表現力

第一段落（初め～p.53 ℓ.7）

1 五一ページの表（表A）と五二ページの表（表B）について説明した次の文章の空欄にあてはまる語句を、本文中から抜き出して答えなさい。

表Aは情報が〔 ① 〕に並んでいるが、表Bは情報をある〔 ② 〕に入れることで、情報が管理しやすくなっている。このような〔 ③ 〕のプロセスを〔 ④ 〕と呼ぶ。

①

②

③

④

2 「このような認知作業」（五三・10）とあるが、これはどのようなものか。ここよりあとの第一段落本文中から十六字で抜き出せ。

第二段落（p.53 ℓ.8～p.55 ℓ.7）

3 ①「ステレオタイプ」（五三・8）、②「スキーマ」（五三・11）について、「～考え方。」に続く形で、それぞれ三十字以内で説明しなさい。

①

②

第二段落（p.53 ℓ.8～p.55 ℓ.7）

4 筆者が述べる「ステレオタイプ」（五三・8）の例として適当でないものを、次から選びなさい。

ア 日本人はまじめである。
イ 日本人は日本の国籍を持つ。
ウ 日本人は英語が苦手だ。

〔　　〕

5 「次のジョーク」（五四・7）は、ドイツ人、イタリア人、フランス人、日本人に対するどのようなステレオタイプをもとに成り立っているか。それぞれ答えなさい。 ▶脚問2

ア 異性に関心が高い。
イ 人と同じ行動を取りたがる。
ウ 人の話を素直に聞かない。
エ ルールを守ることにこだわる。

ドイツ人〔　　〕 イタリア人〔　　〕
フランス人〔　　〕 日本人〔　　〕

6 「韓国人はキムチがなければ生きていけない」（五五・3）がステレオタイプだと言えるのはなぜか。次から選びなさい。

ア 全体にあてはまるとは限らないから。
イ 知的な脳内活動による分類だから。
ウ 個人的な経験に基づいて形成されるから。

〔　　〕

第二段落

7 **「そう」(五五・7)とは、どういうことか。次から選びなさい。**

ア　絶対に正確で例外のないステレオタイプだということ。

イ　人種や住んでいる地域に関するステレオタイプだということ。

ウ　負のレッテルを貼るステレオタイプだということ。〔　　〕

第三段落（p.55 ℓ.8〜p.56 ℓ.13）

8 **「単純化する」(五五・8)とほぼ同じ意味で用いられている言葉を、本文中から七字で抜き出しなさい。** 脚問3

9 新傾向 **次の図は日本人に「中国人や韓国人に対する負のイメージ」(五六・2)が蓄積される状況を示したものである。空欄にあてはまる言葉を第三段落本文中から抜き出しなさい。**

尖閣諸島や竹島の問題などが起こる
←
中国や韓国での〔　①　〕がテレビで報道される
←
負のイメージが蓄積し、〔　②　〕が増幅する

①

②

10 **偏見の意識が「民間の草の根レベルの交流では決して起こらない」(五六・2)理由を次から選びなさい。**

ア　民間レベルの交流では扱う情報量が少ないため、国際的な問題に関わることがないから。

イ　民間レベルの交流では個々の人間同士で向き合えるため、ステレオタイプが全員にあてはまるものではないと気づくから。

ウ　民間レベルの交流はスキーマに基づく知的な活動であるため、単純なカテゴリー化を行わないから。〔　　〕

第三段落（p.55 ℓ.8〜p.56 ℓ.13）

11 **「いわれなき差別」(五六・9)や「根強い偏見」(五六・11)は何によって起こると考えられるか。本文中から三十三字で抜き出し、初めと終わりの五字で答えなさい。**

〜

12 **筆者はステレオタイプの落とし穴に対してどう対処すべきだと考えているか。次から選びなさい。**

ア　ステレオタイプに気づくためには、何よりも歴史を学ぶことが重要である。

イ　ステレオタイプは社会的に無意識のうちに形成されるので、個人的な経験を重ねていかなければならない。

ウ　自分の認識のメカニズムを知り、自分の考えがステレオタイプでないか自省しながらものごとを判断する必要がある。〔　　〕

第四段落（p.56 ℓ.14〜終わり）

13 新傾向 **本文に関して三人の生徒が発言している。筆者の主張に合致しない発言をしている生徒を選びなさい。**

生徒A：ステレオタイプは覚えやすい反面、偏見や差別につながりやすい欠点があるんだ。

生徒B：ネガティブなイメージを持つことが問題なんだから、ポジティブなイメージを広げれば偏見はなくなるよ。

生徒C：自分の考えがステレオタイプに陥っていないか、つねに考える必要があるんだね。

生徒〔　　〕

学習目標　本文の内容を捉え、「弱いロボット」の開発意図や人との関係性を読み取る。

「弱いロボット」の誕生（岡田美智男）

教科書p.70～p.78

検印

漢字　知識・技能

1 太字の仮名を漢字に直しなさい。

① **まんが**〔　〕雑誌を読む。（p.70 ℓ.1）
② **むぞうさ**〔　〕に本を開く。（p.70 ℓ.2）
③ 部屋の**すみ**〔　〕で静かにする。（p.70 ℓ.2）
④ できないことを**さと**〔　〕る。（p.70 ℓ.7）
⑤ ゴミを**ぶんべつ**〔　〕する。（p.72 ℓ.3）
⑥ **ようそ**〔　〕をそぎ落とす。（p.72 ℓ.5）
⑦ **たいきょく**〔　〕的な立場。（p.72 ℓ.9）
⑧ 友達に**あいさつ**〔　〕する。（p.73 ℓ.3）
⑨ **けんめい**〔　〕に取り組む。（p.73 ℓ.10）
⑩ **こんなん**〔　〕を共有する。（p.73 ℓ.13）
⑪ **しんき**〔　〕な趣味を持つ。（p.74 ℓ.7）
⑫ 上体を**ゆ**〔　〕する。（p.74 ℓ.9）
⑬ ゴミを**けんち**〔　〕する。（p.74 ℓ.15）
⑭ 距離を**ちょうせい**〔　〕する。（p.76 ℓ.8）
⑮ 辞書を**さんしょう**〔　〕する。（p.76 ℓ.15）
⑯ 社会的な**そうご**〔　〕行為。（p.77 ℓ.4）
⑰ 人と**れんけい**〔　〕し合う。（p.77 ℓ.6）

2 太字の漢字の読みを記しなさい。

① ロビーにある**長椅子**〔　〕。（p.70 ℓ.1）
② **床**〔　〕の上に転がる。（p.70 ℓ.5）
③ 学生に**擦**〔　〕り寄る。（p.70 ℓ.7）
④ ロボットを**無視**〔　〕する。（p.70 ℓ.10）
⑤ 動きを**感知**〔　〕する。（p.71 ℓ.2）
⑥ **特徴**〔　〕を考える。（p.71 ℓ.7）
⑦ 近くの人に**委**〔　〕ねる。（p.71 ℓ.11）
⑧ 開発**経緯**〔　〕から考える。（p.72 ℓ.11）
⑨ **意思**〔　〕を持った生き物。（p.73 ℓ.6）
⑩ 正体を**暴**〔　〕こうとする。（p.74 ℓ.8）
⑪ **蹴**〔　〕るようなしぐさをする。（p.74 ℓ.11）
⑫ 相手に**追従**〔　〕する。（p.74 ℓ.15）
⑬ **細心**〔　〕の注意を払う。（p.76 ℓ.6）
⑭ **不用意**〔　〕な衝突を避ける。（p.76 ℓ.7）
⑮ 荷物を**乱暴**〔　〕に扱う。（p.76 ℓ.12）
⑯ 子供の様子を**眺**〔　〕める。（p.77 ℓ.7）
⑰ さまざまな**工夫**〔　〕をする。（p.77 ℓ.14）

語句　知識・技能

1 次の太字の語句の意味を調べなさい。

① 利便性を**指向**する。（p.72 ℓ.8）
〔　〕
② **苦肉の策**として編み出された。（p.72 ℓ.11）
〔　〕
③ ゴミを集めることを**いとう**。（p.75 ℓ.10）
〔　〕

2 空欄にあとから適語を選んで入れなさい。

① 困って〔　〕している姿。（p.73 ℓ.10）
② がっかりして〔　〕と歩く。（p.74 ℓ.3）
③ 〔　〕に遊ぶ子供たち。（p.74 ℓ.6）

（トボトボ　マゴマゴ　めいめい）

3 次の語句を使って短文を作りなさい。

① そぎ落とす（p.72 ℓ.13）
〔　〕
② つかず離れず（p.74 ℓ.3）
〔　〕

論理の把握

1 空欄に本文中の語句を入れて、内容を整理しなさい。　思考力・判断力・表現力

第一段落（初め～p.71 ℓ.5）	第二段落（p.71 ℓ.7～p.73 ℓ.1）	第三段落（p.73 ℓ.2～p.73 ℓ.15）	第四・第五段落（p.74 ℓ.2～p.75 ℓ.15）	第六段落（p.76 ℓ.2～p.77 ℓ.6）	第七段落（p.77 ℓ.7～終わり）
具体	抽象	抽象	具体	抽象	具体
動画の説明　自分でゴミを拾えないゴミ箱ロボットが〔　ア　〕と学生に近づいていき、少し腰をかがめる。学生がゴミを拾って入れてあげるとまた腰をかがめる。そして去っていく。	「ゴミ箱ロボット」の特徴 ①「〔　イ　〕」＝周囲の人の〔　ウ　〕を引き出して目的を達成する方略 ②「チープデザイン」＝機能を極力そぎ落としたデザイン ＝開発費を浮かすための〔　エ　〕 開発する際に期待したこと→〔　オ　〕なデザイン…「チープなもの」 ↕周りとの〔　カ　〕はむしろ「リッチなもの」になる	周囲の人の助けを引き出すためには …なんらかの〔　キ　〕を持った生き物が何か懸命に〔　ク　〕としている姿を見せる →手助けして困難を共有し合い、いっしょに取り組もうとする	子供たちのいる広場へ三体のゴミ箱ロボットを連れ出す →子供たちはさまざまな反応を示すが、ゴミを投げ入れる子供が出ると、ほかの子供たちも〔　ケ　〕する その姿には「〔　コ　〕」感じはなくむしろ楽しんでいるようである	「ゴミ箱ロボット」には〔　サ　〕の機能はないが子供たちには衝突しない 〈理由〉ロボットが〔　シ　〕を相手からも参照可能にしているから	ある女の子の工夫→三つのゴミ箱を活用し、〔　ス　〕を他の子供たちに指示…子供たちの工夫をも引き出した

要旨

1 空欄に本文中の語句を入れて、全体の要旨を整理しなさい。　思考力・判断力・表現力

「弱いロボット」の第一の特徴は、従来の「〔　ア　〕な行為方略」に対し、周りの人の助けを借りて〔　イ　〕を達成しようとする「〔　ウ　〕な行為方略」といえる。第二の特徴は、デザインも機能も予算も「〔　エ　〕なもの」でありながら周りとの関係性はむしろ「〔　オ　〕なもの」である点である。また、〔　カ　〕に取り組もうとする姿を見せること、自らの状況や意思を〔　キ　〕にしておくことで、思いやりを引き出し、共同行為が生み出される。

2 右を参考にして、次の空欄に適当な語句を入れて筆者の主張を二文でまとめなさい。

ゴミ箱ロボットは、デザインも機能も「チープなもの」であるが、周りとの関係性は「リッチなもの」となっている。ゴミ箱ロボットと周りとの共同行為を生み出すためのポイントは、

〔　　　　　　　　　　〕

内容の理解

思考力・判断力・表現力

第一段落（初め〜p.71 ℓ.5）

1 「少し腰をかがめてみる。」（七〇・8）というロボットの動作は、状況に応じて二通りの意味合いに解釈されている。本文中からそれぞれ抜き出しなさい。

〔　　　　〕〔　　　　〕

第二段落（p.71 ℓ.7〜p.73 ℓ.1）

2 「『ゴミ箱ロボット』の特徴」（七一・7）を次から二つ選びなさい。

ア　スマートで低予算かつ、利便性を追求したデザイン方略をとっている。
イ　従来の「足し算のデザイン」ではなく「引き算としてのデザイン」を指向して、「個体能力主義的な行為方略」をとっている。
ウ　機能を極力そぎ落とした「ミニマルなデザイン」。
エ　低予算のためローテクになってしまったが、動くゴミ箱ロボットとしての機能はすべて備わっている。
オ　ローテクであっても周囲の人の助けを借りてきちんとゴミを拾い集めるという目的を果たしている。　〔　　〕〔　　〕

3 「関係論的な行為方略」（七一・14）とはどのようなものか。次の文の空欄にあてはまる語句を本文中から抜き出して答えなさい。

自分だけの力ですべてを解決しようとする〔　①　〕な行為方略に対して、周囲の人から〔　②　〕を引き出すことによって〔　③　〕を果たそうとするもの。

①

②

③

第二段落（p.71 ℓ.7〜p.73 ℓ.1）

4 「足し算のデザイン」（七三・9）とはどのようなものか。本文中の語句を用いて三十字以内で説明しなさい。

第三段落（p.73 ℓ.2〜p.73 ℓ.15）

5 「わたしたちの手助けを思わず引き出してしまうような場」（七三・2）は何によって生まれるか。次から選びなさい。

ア　他者からコミュニケーションを提示されることによって、何らかの責任感が生じる状況。
イ　単なるモノであるロボットが、困難に立ち向かって懸命に努力している姿が見受けられる状況。
ウ　何らかの意思を持った生き物が、何か懸命に取り組もうとする姿を見せている状況。　〔　　〕

第四段落（p.74 ℓ.2〜p.74 ℓ.12）

6 「この風景はなかなかのものだ。」（七四・3）とあるが、どういうことをいっているのか。次から選びなさい。

ア　ゴミ箱ロボットたちが広場の中でトボトボと歩く風景が、日常生活の中に「非日常性」を作り上げていること。
イ　ゴミ箱ロボットたちが広場の中でトボトボと歩く風景が、子供たちに「非日常性」を意識させていること。
ウ　ゴミ箱ロボットたちが広場の中でトボトボと歩く風景が、子供たちの好奇心を刺激してさまざまな行動を喚起すること。　〔　　〕

第五段落（p.74 ℓ.13〜p.75 ℓ.15）

7「そんな姿」（七五・8）とは、何の、どのような姿か。本文中の語句を用いて説明しなさい。

第六段落（p.76 ℓ.2〜p.77 ℓ.6）

8「そうした心配」（七六・9）の内容を次から選びなさい。

ア　衝突回避機能を備えていないゴミ箱ロボットが、子供たちに衝突して怪我をさせてしまうのではないかという心配。

イ　不用意な衝突を避けるために細心の注意を払っていても、衝突してロボットが壊れてしまうのではないかという心配。

ウ　衝突回避するためのさまざまな装置や技術が役に立たずに、結局子供たちに衝突してしまうのではないかという心配。

〔　　〕

9「自らの状況を相手からも参照可能なように表示しておく」（七六・15）とはどうすることか。本文中から四十五字以内で抜き出し、初めと終わりの五字で答えなさい。（記号は字数に含める）

〜

10「ロボットからの社会的表示と子供たちの思いやりが連携し合う」（七七・5）とは、どういうことか。次の文の空欄にあてはまる語句を本文中から抜き出して答えなさい。　脚問7

ロボットがヨタヨタ進む姿は、「こちらの方向に進んで〔　①　〕を集めたい」という意思表示であり、それは子供たちのぶつからないで関わろうとする〔　②　〕を引き出し、結果として〔　③　〕という社会的な相互行為が達成できていること。

第六段落（p.76 ℓ.2〜p.77 ℓ.6）

①

②

③

11「子供たちの工夫」（七七・14）とは、どのようなことか。本文中の語句を使って二十五字以内で説明しなさい。

第七段落（p.77 ℓ.7〜終わり）

12 新傾向　「弱いロボット」の開発意図について生徒たちが話し合っている。本文の趣旨に沿った発言をしている生徒を答えなさい。

全体

生徒A：人の助けを借りたり、高価な機能をなくしたりして、周囲の人々との関係性を豊かにしつつ低予算でロボットを作ろうとしているってことだよね。

生徒B：低予算で開発できたのは結果論だよ。本来の、ゴミを拾い集めるという目的のほかに、子供たちの思いやりや創意工夫の力を育てるという教育効果もねらっているんだよ。

生徒C：子供たちの思いやりや、ゴミの分別に関する創意工夫は想定外で、本来は低予算でローテクのロボットを開発しようという意図だけだったと思うけど。

生徒〔　　〕

学習目標　問いかけと答えの関係を理解し、筆者が考える仕事の本質を読み取る。

人はなぜ仕事をするのか（内田樹）

教科書p.79〜p.86

検印

漢字　知識・技能

1 太字の仮名を漢字に直しなさい。

① (p.79 ℓ.3) **ろうどう**〔　　〕の対価を得る。
② (p.79 ℓ.7) **きちょう**〔　　〕な時間。
③ (p.80 ℓ.4) パスされる**きたい**〔　　〕。
④ (p.80 ℓ.11) 日本が**はさん**〔　　〕する。
⑤ (p.80 ℓ.12) 日本銀行**けん**〔　　〕で買う。
⑥ (p.81 ℓ.10) 大蔵**かんりょう**〔　　〕に問う。
⑦ (p.81 ℓ.13) 運動を**けいぞく**〔　　〕する。
⑧ (p.82 ℓ.6) モノと**こうかん**〔　　〕可能。
⑨ (p.82 ℓ.7) 行動**はんけい**〔　　〕が広い。
⑩ (p.82 ℓ.10) **こうえき**〔　　〕をした。
⑪ (p.82 ℓ.15) **やさい**〔　　〕がとれる。
⑫ (p.83 ℓ.5) 大量に**さいばい**〔　　〕する。
⑬ (p.83 ℓ.8) 広い**はんい**〔　　〕にわたる。
⑭ (p.83 ℓ.10) **こうりつ**〔　　〕のよい道具。
⑮ (p.83 ℓ.11) **かいがら**〔　　〕から貴金属へ。
⑯ (p.85 ℓ.3) **しりょ**〔　　〕がない。
⑰ (p.85 ℓ.8) **たさい**〔　　〕で予測不能。

2 太字の漢字の読みを記しなさい。

① (p.79 ℓ.2) お金を**稼**〔　　〕ぐ。
② (p.79 ℓ.3) 一万円の**紙幣**〔　　〕。
③ (p.79 ℓ.7) 時間を**費**〔　　〕やす。
④ (p.80 ℓ.6) 言った**瞬間**〔　　〕。
⑤ (p.81 ℓ.3) 貨幣が**流通**〔　　〕する。
⑥ (p.81 ℓ.4) **幻想**〔　　〕を共有する。
⑦ (p.81 ℓ.6) **電磁**〔　　〕パルス。
⑧ (p.81 ℓ.7) **既成**〔　　〕事実。
⑨ (p.81 ℓ.9) **不可思議**〔　　〕な存在。
⑩ (p.82 ℓ.5) 二者を**隔**〔　　〕てる違い。
⑪ (p.82 ℓ.13) 決定的な**飛躍**〔　　〕。
⑫ (p.83 ℓ.4) **要**〔　　〕るだけとる。
⑬ (p.83 ℓ.6) **貧富**〔　　〕の差が発生する。
⑭ (p.83 ℓ.8) **迅速**〔　　〕に広まる。
⑮ (p.83 ℓ.10) **奴隷**〔　　〕を働かせる。
⑯ (p.83 ℓ.15) **冒頭**〔　　〕の問いに戻る。
⑰ (p.84 ℓ.9) 店を**繁盛**〔　　〕させる。

語句　知識・技能

1 次の太字の語句の意味を調べなさい。

① (p.79 ℓ.3) **対価**として得た一万円。
〔　　　　〕
② (p.83 ℓ.12) 進化の**帰結**である。
〔　　　　〕
③ (p.84 ℓ.6) くるくる**こづき回す**。
〔　　　　〕

2 次の空欄に適当な漢字一字を入れて対義語を作りなさい。

① (p.83 ℓ.10) 加速 ↔ 〔　　〕速
② (p.85 ℓ.12) 進化 ↔ 〔　　〕化
③ (p.85 ℓ.9) 攻撃 ↔ 防〔　　〕

3 次の語句を使って短文を作りなさい。

① (p.84 ℓ.3) 〜に即して
〔　　　　〕
② (p.84 ℓ.7) 〜にかなっている
〔　　　　〕

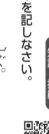

論理の把握

1 空欄に本文中の語句を入れて、内容を整理しなさい。　思考力・判断力・表現力　▼学習一

第一段落（初め〜p.81 ℓ.8）

大きな問題提起

「人はなぜ仕事をするのか。」…一般的な答え…〔ア　　　〕ため

→ 小さな問い①…「一万円の紙幣には『モノとしての価値』はあるか?」

小さな答え①…モノとしての価値はない（＝ただの紙切れ）

→ 小さな問い②…「なぜその紙切れを得るために働いたのか?」

小さな答え②…お金で〔イ　　　〕のあるさまざまな物を買えるから

（つまり）

→ 貨幣の価値は「誰かにパスできる〔ウ　　　〕」の上に成り立つ

第二段落（p.81 ℓ.9〜p.83 ℓ.14）

小さな問い③…「なぜ貨幣は存在（流通）しているのか?」

さらに小さな問い…「そもそも貨幣の本質とは何か?」

さらに小さな答え…運動を〔エ　　　〕させること

現生人類の祖であるクロマニョン人は、〔オ　　　〕したいために、「必要以上に」採集や栽培を行った。

→ 小さな答え③…私たち現生人類は、モノが大量かつ迅速かつ広範囲に交換されることが好きで好きでたまらず、交換を〔カ　　　〕よく行うために貨幣形態を進化させた。

第三段落（p.83 ℓ.15〜終わり）

→ 大きな答え

仕事の本質とは「他者を目ざして、パスを出す」ことであり、それは他者を目ざす〔キ　　　〕のうちにある。

要旨

1 空欄に本文中の語句を入れて、全体の要旨を整理しなさい。　思考力・判断力・表現力

貨幣自体に〔ア　　　〕はないのに、人はお金を稼ぐために仕事をする。それは〔イ　　　〕に価値があると思ってほかの人が受け取ってくれることで、貨幣に価値が発生するからだ。貨幣の本質は、〔ウ　　　〕の継続にある。これは、現生人類がモノを大量かつ〔エ　　　〕かつ広範囲に〔オ　　　〕するのを求めたことと一致する。人間が仕事をするのもお金を稼ぐのも、〔カ　　　〕を目ざしてモノをくるくる動かしたいからである。つまり仕事の本質は他者を目ざす〔キ　　　〕のうちにある。

2 右を参考にして、次の空欄に適当な語句を入れて筆者の主張を三文でまとめなさい。

貨幣の本質は運動を継続させることにある。人間が仕事をするのもお金を稼ぐのも、他者を目ざしてモノをくるくる動かしたいからである。つまり、仕事の本質は〔　　　　　　〕

内容の理解

思考力・判断力・表現力

1「一万円の紙幣」（七九・3）が貨幣として成り立つのはなぜか。次から選びなさい。

ア　自分が貴重な時間を費やして手に入れた報酬だから。
イ　欲しい物があるときに買い物ができるから。
ウ　一万円の価値を認めて受け取ってくれる人がいるから。

〔　　〕

2「貨幣それ自体には何の価値もない。」（七九・10）について、説明した次の文の空欄にあてはまる語句を本文中から抜き出して答えなさい。

一万円札に〔　①　〕があるのは、誰かが「〔　②　〕の価値がある」と思って受け取ってくれるからであって、紙幣そのものは単なる〔　③　〕にすぎず、〔　④　〕として使用するうえでの価値はないということ。

①
②
③
④

3「それ」（八〇・1）がさしている語句を本文中から抜き出しなさい。

〔　　〕

4「『期待』の上に初めて貨幣は貨幣として成り立つ」（八〇・4）とあるが、これはどういうことか。次から選びなさい。　▼脚問2

ア　貨幣に一万円の価値があるのは、一万円でいろいろなものを購入したいという願いがこめられているからだということ。
イ　「パス」の途中で貨幣を受け取らない人が現れると、貨幣は価値がなくなる仮想の存在だということ。
ウ　たとえ国家が破産しても、経済的には救済されて貨幣の流通は保証されるということ。

〔　　〕

5「ただの紙切れ」（八〇・8）を言い換えた言葉を、本文中から漢字三字で抜き出しなさい。

6「同じこと」（八〇・11）とはどういうことか。十字以内で答えなさい。

7「どんなものでも貨幣になり得る」（八一・6）のはなぜか。次から選びなさい。

ア　貨幣はそれ自体無価値であっても、使用する人々がいつでもモノと交換できるという幻想を共有していればよいから。
イ　貨幣はどんな材質で作られていても、一万円の貨幣には一万円のモノとしての価値がもともと備わっているから。
ウ　貨幣は政府が発行したものなので、どんな種類であってもいつでも貨幣として流通できることになっているから。

〔　　〕

第二段落

8「貨幣の本質」（八一・11）とは何か。次から選びなさい。

ア　国家が破産してもモノの購買が可能であること。
イ　流通するのであればどんな材質でも貨幣になること。
ウ　貨幣を用いて人から人へモノを動かして渡し続けること。

〔　　〕

第二段落（p.81 ℓ.9～p.83 ℓ.14）

9「交換が欲望を生み、必要を生んだ」（八二・13）とあるが、これを説明した次の文章の空欄にあとの語群から適当な語を選んで入れなさい。

クロマニョン人は物を〔 ① 〕したかったので、必要以上に〔 ② 〕や栽培を行った。その結果、労働や〔 ③ 〕、貧富の差、〔 ④ 〕が発生し、〔 ⑤ 〕が生まれたのである。

ア 階級　イ 国家　ウ 採集　エ 交換　オ 分業

①〔　〕 ②〔　〕 ③〔　〕
④〔　〕 ⑤〔　〕

10「これが逆なのだ。」（八三・2）とあるが、どういう行動を「逆」と述べているか。次から選びなさい。

ア クロマニョン人はネアンデルタール人より広範囲で交換したこと。
イ クロマニョン人は交換がしたかったので必要以上に収穫を行ったこと。
ウ クロマニョン人は必要に応じてモノを交換する機会を持つようになったこと。

〔　〕

11「交換を加速」（八三・10）した結果、具体的にどのような方法に行き着いたか。解答欄の形式に合うように、本文中から二十字以内で抜き出しなさい。

方法。

第二段落

12「それが可能な商品」（八三・13）とあるが、何が可能なのか。次から選びなさい。

ア 貨幣以外のモノどうしを交換すること。
イ お店に行かなくてもモノを購入すること。
ウ パソコンで買いたいモノの細部を確認すること。

〔　〕

13 人間が「お金を稼ぐことを望む」（八四・5）のはなぜか。次から選びなさい。

ア お金を得ることはモノを動かしたことの証拠だから。
イ 稼いだお金を自己実現のために使うことができるから。
ウ お金を得れば、出世したことの証明となるから。

〔　〕

14「本質的には変わらない」（八四・14）とあるが、何が変わらないのか。二十五字以内で答えよ。

▼脚問5

第三段落（p.83 ℓ.15～終わり）

15「貨幣の意味も市場の意味も知らない人間の寝言」（八五・4）とあるが、何に対してこう述べているのか。次から選びなさい。

ア 営業成績を上げたり、よいパフォーマンスを見せたりしたいと願うこと。
イ 仕事は自分のためにするものだと思い込むこと。
ウ 絶妙なパスを次のプレーヤーに出したいと思うこと。

〔　〕

学習目標 イースター島の歴史を理解し、そこから導かれる筆者の主張を読み取る。

イースター島になぜ森がないのか（鷲谷いづみ）

教科書p.88～p.97

検印

漢字　知識・技能

1 太字の仮名を漢字に直しなさい。

- (p.88 ℓ.3) ①状況を**ぶんせき**〔　〕する。
- (ℓ.5) ②自然を**はかい**〔　〕する。
- (ℓ.6) ③**かんきょう**〔　〕学の教科書。
- (ℓ.10) ④記録に基づく**ふくげん**〔　〕。
- (p.90 ℓ.13) ⑤島に**とうちゃく**〔　〕する。
- (p.91 ℓ.11) ⑥森林を**ばっさい**〔　〕する。
- (ℓ.13) ⑦漁業に**じゅうじ**〔　〕する。
- (ℓ.15) ⑧高度な技術を**ほこ**〔　〕る。
- (p.94 ℓ.9) ⑨**すいてい**〔　〕七千人の人口。
- (ℓ.12) ⑩**じゅんちょう**〔　〕に成長する。
- (ℓ.13) ⑪食料を**きょうきゅう**〔　〕する。
- (p.95 ℓ.1) ⑫ラットの**てんてき**〔　〕。
- (ℓ.2) ⑬人口の**ばくはつ**〔　〕的増加。
- (ℓ.4) ⑭現状を**いじ**〔　〕する。
- (ℓ.14) ⑮半分に**げんしょう**〔　〕する。
- (p.96 ℓ.2) ⑯人心が**こうはい**〔　〕する。
- (ℓ.2) ⑰**かこく**〔　〕な運命に耐える。

2 太字の漢字の読みを記しなさい。

- (p.88 ℓ.5) ①**配慮**〔　〕が足りない。
- (p.90 ℓ.2) ②**前人未踏**〔　〕の島。
- (ℓ.3) ③**哺乳**〔　〕類がいない。
- (ℓ.4) ④鳥類が**生息**〔　〕する。
- (ℓ.12) ⑤航海中の**糧**〔　〕とする。
- (p.91 ℓ.2) ⑥大きな**災禍**〔　〕を及ぼす。
- (ℓ.11) ⑦祖先を**敬**〔　〕う。
- (ℓ.11) ⑧彫刻を**施**〔　〕す。
- (ℓ.12) ⑨森林が**犠牲**〔　〕となる。
- (ℓ.13) ⑩大事な役割を**担**〔　〕う。
- (ℓ.14) ⑪恵みを**享受**〔　〕する。
- (p.94 ℓ.4) ⑫丸木船を**操**〔　〕る。
- (ℓ.10) ⑬島が**繁栄**〔　〕する。
- (ℓ.15) ⑭更新を**妨**〔　〕げる。
- (p.95 ℓ.10) ⑮**土壌**〔　〕が流亡する。
- (p.96 ℓ.1) ⑯生態系を**損**〔　〕なう。
- (ℓ.2) ⑰**悲惨**〔　〕な暮らし。

語句　知識・技能

1 次の太字の語句の意味を調べなさい。

- (p.88 ℓ.4) ①重要な**教訓**として受け取られる。〔　〕
- (ℓ.6) ②**ポピュラー**な話題となっている。〔　〕
- (p.91 ℓ.3) ③**新天地**にたどり着く。〔　〕

2 次の空欄に適語を入れなさい。

- (p.90 ℓ.15) ①またたく〔　〕に全島に広がる。
- (p.94 ℓ.5) ②〔　〕尽蔵ともいえる海鳥のコロニー。

3 次の語句を使って短文を作りなさい。

- (p.90 ℓ.14) ①天敵〔　〕
- (p.91 ℓ.4) ②ささいな〔　〕

論理の把握

1 空欄に本文中の語句を入れて、内容を整理しなさい。 思考力・判断力・表現力 ▼学習一

第一段落（初め〜p.89 ℓ.2）	第二段落（p.90 ℓ.2〜p.91 ℓ.15）	第三段落（p.94 ℓ.2〜p.95 ℓ.14）	第四段落（p.95 ℓ.15〜終わり）
「イースター島の教訓」とは	イースター島がかつて栄えた理由	イースター島から森が消えた理由	結論

花粉分析と〔ア　〕によって明らかにされた

「イースター島の教訓」

「人と生態系の関係」史

ポリネシア人が初めてイースター島にやってきたとき、島はヤシ類の〔イ　〕で覆われていた

人が森林を切り開いた

〈理由①〉〔ウ　〕のため丸木船建造の木材を切り出した

〈理由②〉宗教的・文化的な目的で、〔エ　〕を運ぶため森林を犠牲にした

文明が繁栄し、〔オ　〕年ごろには島の人口が七千人に達した

森林が切り尽くされた

人が島に持ち込んだ〔カ　〕が爆発的に増加し、〔キ　〕が食べ尽くされた

人がもたらした生態系への影響で、島の森林が破壊された

↓

〔ク　〕年に初めてヨーロッパ人がこの島を訪れたとき、島は深刻な食料不足に陥っていた

健全な生態系が損なわれると、人間は悲惨で過酷な運命に見舞われる

イースター島の人々は〔ケ　〕の幸せには心を配らなかった

人類の存続のためには、〔コ　〕という倫理を支える文化を早急に築くことが必要である

要旨

1 空欄に本文中の語句を入れ、主題を整理しなさい。 思考力・判断力・表現力

イースター島の歴史は、〔ア　〕への無配慮が生んだ〔イ　〕の例として重要な〔ウ　〕だ。入植者たちは、〔エ　〕にするため、〔オ　〕の建造のため、宗教文化に使う〔カ　〕の運搬のために森林を伐採した。また、〔キ　〕がヤシの実を食べ尽くしたため、森林は破壊され〔ク　〕や〔ケ　〕減少を招いた。自然を過剰利用し〔コ　〕を損なうと悲惨で過酷な〔サ　〕が待っている。人類の存続のために、〔シ　〕という倫理を支える文化を早急に築くべきだ。

2 右を参考にして、次の空欄に適当な語句を入れて筆者の主張を三文でまとめなさい。

イースター島の歴史は、地球と人類の将来について真剣に考える人々の間では重要な教訓である。自然を過剰利用し生態系を損なうと、悲惨で過酷な運命が待っている。今後の人類の存続のために、〔　　〕

内容の理解

思考力・判断力・表現力

第一段落（初め〜p.89 ℓ.2）

1 **「このポリネシアの小さな島の歴史について花粉分析と考古学が明らかにしたこと」**（八八・2）**を以下の二点にまとめた。空欄にあてはまる語句を本文中から抜き出して答えなさい。**

・前工業化時代に、〔　①　〕に対する無配慮から、〔　②　〕が引き起こされた。

・今は森林のないイースター島は、ポリネシア人が初めて入植した〔　③　〕ごろには、全島が森林に覆われていた。

①

②

③

第二段落（p.90 ℓ.2〜p.91 ℓ.15）

2 **「初めてその前人未踏の島を見たとき」**（九〇・2）**とあるが、なぜ「前人未踏」だったのか。解答欄の形式に合うように、本文中から四十五字以内で抜き出し、初めと終わりの五字で答えなさい。**

〜

から。

3 **「ラットの子孫が、やがてともに島にたどり着いたポリネシア人たちの子孫と島の生態系に大きな災禍を及ぼすことになる」**（九一・1）**とあるが、その理由として適当なものを次から選びなさい。**

ア　ラットが生態系のバランスを崩してしまい、近海の魚が捕れなくなったから。

イ　巨大な石像モアイの製作に大量の食料が必要になり、ラットと食料を奪い合うことになったから。

ウ　ラットたちがヤシの実を食べ尽くしてしまい、新しい木が芽生えて育つことができなかったから。

〔　　〕

第二段落（p.90 ℓ.2〜p.91 ℓ.15）

4 **ポリネシア人がイースター島の森林を伐採した理由として、適当でないものを、次から二つ選びなさい。**

ア　権力者が、自分の家を建てる木材として、多くの太い木を伐採した。

イ　農地にするために森を切り開いた。

ウ　巨石を用いる宗教文化のため、切り出した巨石を運ぶ際に森林を犠牲にした。

エ　他の民族との争いのため、多くの木材を切り出して武器を作った。

オ　漁のための丸木船を建造するために木材を切り出した。

〔　　〕〔　　〕

5 **「巨石文化」**（九一・15）**と同じものを表している語句を、本文中から二十五字以内で抜き出しなさい。**

第三段落

6 **イースター島から森林が消えた理由として適当なものを、次から二つ選びなさい。**

ア　おびただしい数の鳥類の生息。

イ　ヒトによる森林の伐採。

ウ　高度な技術を誇る巨石文化の繁栄。

エ　ラットがもたらした生態系への影響。　〔　　〕

第三段落（p.94 ℓ.2〜p.95 ℓ.14）

7　**「繁栄は決して長くは続かなかった」**（九四・10）**理由は何か、次から選びなさい。**

ア　恵まれた自然によってもたらされた文明が、生態系の健全さを失わせてしまったから。

イ　高度な技術や文明を持っていても、生態系を変えるだけの知恵のはたらきがなかったから。

ウ　宗教文化を盛んにするための技術が、生態系を再生する力とはなりえなかったから。

〔　　〕

8　**「農業生産がふるわない」**（九五・10）**とあるが、その理由として適当なものを次から選びなさい。**

ア　イースター島は、もともと全島が森林に覆われていたので、農業には適さない土地だったから。

イ　森の木が切り尽くされた結果として引き起こされた土壌流亡によって畑は痩せ細っていたから。

ウ　島では部族間の争いが絶えず、落ち着いて農業をする環境ではなかったから。

〔　　〕

9　**「人口も、すでに往時の三分の一にまで減少していた。」**（九五・14）**とあるが、「往時」とはいつのことか、書きなさい。**　▼脚問2

〔　　〕

10　**「イースター島の教訓」**（九五・15）**とは、何か。第四段落より抜き出し、初めと終わりの五字で答えなさい。**

〔　　〕〜〔　　〕

第四段落（p.95 ℓ.15〜終わり）

11　新傾向　**筆者が述べる「数世代後の子孫の幸せを願う文化」**（九六・8）**の例として適当でないものを、次から選びなさい。**

ア　有毒な廃棄物を、海や川に流さないようにする文化。

イ　漁業資源の減少を防ぐため、乱獲を禁止する文化。

ウ　石油などの化石燃料を制限なく採掘し続ける文化。

〔　　〕

12　**「持続可能性という倫理を支える文化」**（九六・10）**について説明した次の文の空欄にあとの語群から適当な語を選んで入れなさい。**　▼学習四

現在の人間が自然から得ている〔①　〕を、数世代後の〔②　〕まで持続的に得られるように、〔③　〕への配慮を行う文化。

a　祖先　　b　子孫　　c　生態系
d　伝統文化　　e　試練　　f　恩恵

①〔　　〕　②〔　　〕　③〔　　〕

全体

13　**筆者の考えと合致するものを、次から選びなさい。**

ア　高度の資源利用による生態系の崩壊は、人類の歴史では繰り返し起こっていることで、しかたのないことである。

イ　人類が生きていくためには、将来を見通した健全な生態系を意識する社会を創らなければならない。

ウ　健全な生態系の持続を最優先させるためには、自然開発を徹底して停止する以外に方法はない。

〔　　〕

学習目標　人間活動が生態系に影響を与えている別の例を読んで、人間と生態系との関係を考える。

活動　「誰が北米大陸の生態系を変えたのか」との読み比べ

教科書p.88〜p.97

検印

「イースター島になぜ森がないのか」の筆者が北米大陸の生態系崩壊について述べた次の文章を読んで、後の問いに答えなさい。

誰が北米大陸の生態系を変えたのか

鷲谷いづみ

ネイティブ・アメリカンの森

近代から現代にかけて最も急激な生態系崩壊を経験し、またそれを対象とした環境史的な分析がさかんに行われている地域は、アメリカ合衆国東部をおいてほかにはない。そのような研究の中から、①開拓に伴う生態系の変遷と、先住民の文化と植民者たちの西欧文化という異なる二つの文化の対立が、生態系の利用のあり方や、それがもたらした帰結とどのような関連にあったのかという点についての認識が深まりつつある。

英国人の入植者たちがプリマス*のコロニーにやってきたのは、一六二〇年である。そのころの北アメリカの東部は、多くの野生動物が生息する深い「原生林」に覆われていた。しかし、入植者たちを圧倒した暗く深い森は、実は決して原生的な森林というようなものではなかった。その当時の森林は、すでにアメリカ先住民たちの生活活動の影響を強く受けていたからである。

先住民が北アメリカの東部に入ってきたのは、メイフラワー*号の到着から遡ることはるか昔、今から一万五〇〇〇年ほど前のことであると推測されている。それはちょうど最終氷期が終わり、氷河が北に向かって後退し始めたころである。それからしばらく後の一万八〇〇〇〜一万年前ごろに、マストドン、マンモス、オオアリクイなどのマクロファウナと総称される大型の哺乳類や、それらを餌食《えじき》としていたサーベルタイガーなどがいっせいに絶滅したことが、古生物学の研究から明らかにされている。この大量絶滅に先住民がどのくらい関わったかについては論争のあるところだが、これら大型哺乳類の絶滅には、先住民による狩猟、気候の変動、病気、あるいはそれらの組み合わせが関与したと推測されている。

マクロファウナの動物たちの絶滅に先住民たちが大きく関わったと考える研究者は、狩猟に加えて、火を使って植生を管理したことの影響を重視している。それが哺乳動物の絶滅要因としてどのくらい重要であったのか、その確かなところはわからないが、先住民は、焼き畑農業のために森林を切り開いただけでなく、キイチゴ類の豊富なギャップ（森の中の空き地）を作るために森林を部分的に焼き、森林植生に相当大きな変化をもたらしたと推測されている。

しかし、自然の落雷などによる山火事と、先住民が意識的に起こした火事は、頻度や規模においてどのくらい異なるものなのだろうか。先住民が作ったギャップがシカ類にとって餌の豊富な格好の生息場所となったため、北アメリカの森林地帯に先住民が移動してきたことによって、シカの個体数の増加がもたらされたと推測されている。けれども先住民たちは、広大な面積にわたって森林を切り開いたり、その後に異なる樹種の木を植林したりするようなことはしなかった。したがって、ヨーロッパ人の入植者がもたらしたあまりにも大きな変化に比べれば、先住民たちのもたらした影響は取るに足らないものであったとも言える。

先住民は部族ごとに移動しながら森を切り開き、農耕（移動耕作）と狩りを営んだ。再び同じ場所に戻ってくるころには、切り開かれた森は完全に蘇っており、地力*も耕作が可能なまでに回復していたであろう。先住民は、狩りと移動耕作の両方を通じて生態系にたしかに影響を及ぼしたが、それらは規模も小さく、またそこでもたらされる変化は可逆的なものであった。先住民がその生産と生活のために森を切り開いて作った空き地は、森の中に自然に生成するギャップよりは規模が大きかったかもしれないが、当時の広大な森林面積からいえば、それほど問題にはならない程度のものであった。しかも、周囲に豊かな森林が広がっている限り、ギャップが再び森林に戻るために必要な種子などが周りの森林から無尽蔵に供給されるため、森の回復は早く、それが失われるようなことはなかったと考えられる。

ヨーロッパ人はいかに森を破壊したか

しかし、ヨーロッパからの入植者は、商品として価値の高い材木、毛皮、魚および換金作物を得るために、先住民とは全く異なる規模とやり方で、生態系を徹底的に利用した。大量の木材をとるために広大な面積にわたって森林を切り開き、その跡地を定住農業のための農地とした。そのため、移動農業と狩猟の時代を通じて北アメリカ東部のほぼ全域を覆っていた森林は、急速に面積を縮小していった。地域によって森林の面積そのものは変わらない場所があったとしても、それは植林がなされた結果であり、樹種は全く別のものに変えられてしまっている。入植者たちが行った大規模な開拓の結果、一九世紀中にこの地域からは、オオカミ、クマ、クーガー、ビーバーなどが絶滅してしまった。

　移動農業においては、森の中の小規模な農地は、作物を生産し終えると自然に森に戻るに任される。一方、定住農業では、農地は農地としての永続性を追求される。しかし、地力の衰えや土壌浸食が深刻化して、多くの農地が再び放棄された。その後、植林などを経て、いったん農地になったところが見かけ上は森林に戻ったところも少なくない。しかし、その森林は、優先する樹種がかつての森林とは全く異なる別のタイプの森林であった。

　先住民の営みにおいては、森林の一部に食料を調達するための人為的なギャップが作られたとしても、そのギャップは、自然のギャップと同じように時間がたつと森林に戻っていったのである。したがって、同じ森林が持続し、森林に依存する人々の生産と生活も持続性の高いものでありえたのである。しかし、入植者の生態系の利用のしかたは、同じ森林の存続を許すようなものではなく、短期間のうちに生態系は別の生態系へと変えられた。

（『生態系を蘇らせる』日本放送出版協会　二〇〇一）

語注

＊プリマス…アメリカ・マサチューセッツ州にある小都市。イギリスの入植者たちがアメリカ大陸に上陸した場所に建設した。

＊メイフラワー号…イギリスのピューリタン（清教徒）たちが本国での迫害から逃れるため、この船に乗り大西洋を渡った。

＊地力…その土地が持っている、作物を生育させる力。生産力。

内容の理解　思考力・判断力・表現力

1 **傍線部①「開拓に伴う生態系の変遷」について、次の問いに答えなさい。**

(1) **先住民（ネイティブ・アメリカン）が北米大陸の生態系に与えた影響をまとめた次の文章の空欄に、「ネイティブ・アメリカンの森」から適切な語句を抜き出して入れなさい。**

先住民たちが北アメリカの東部に入ってきたのは、今から〔　①　〕ほど前のことと推測されている。彼らは〔　②　〕のため、キイチゴ類の豊富なギャップを作るために森林を部分的に焼き、森林植生に変化をもたらしたと推測される。彼らは切り開いた森で移動耕作と〔　③　〕を営んだ。その営みは生態系に影響を及ぼしたが、そこでもたらされる変化は〔　④　〕なものであった。

①〔　　〕　②〔　　〕

③〔　　〕　④〔　　〕

(2) **「ヨーロッパ人はいかに森を破壊したか」に書かれている、ヨーロッパからの入植者が北米大陸で行ったことや生態系に与えた影響として適切なものを次からすべて選びなさい。**

ア　商品として価値の高い材木、毛皮、魚および換金作物を得るため生態系を利用した。

イ　大量の木材をとるために広大な面積にわたって森林を切り開き、その跡地を定住農業のための農地とした。

ウ　入植者たちと先住民たちが激しく争い、戦闘によって広大な土地が荒廃した。

エ　定住農業によって地力の衰えや土壌浸食が深刻化して、多くの農地が放棄された。

オ　農業に機械を使用したため、大気汚染が深刻化した。

カ　大規模な開拓の結果、一八世紀中にこの地域からは、オオカミ、クマ、クーガー、ビーバーなどが絶滅してしまった。

キ　入植者の生態系の利用のしかたは、森林の存続を許すものではなく、短期間のうちに生態系を別の生態系へと変えてしまった。

〔　　〕

2 **本文と「イースター島にはなぜ森がないのか」を読んだ五人の生徒が、共通点や相違点について話をしている。適切な発言をしているのは誰か。次から選びなさい。**

生徒A：どちらも、ヨーロッパ人がその地を訪れているね。ヨーロッパ近代思想における、自然は人間の支配する対象であるという考え方が生態系を破壊することを示しているね。

生徒B：北米大陸の場合は、ネイティブ・アメリカンのほうがヨーロッパ人よりも激しく生態系を破壊したことがわかったよ。

生徒C：どちらも、目先の生活のために森林を破壊したんだよね。未来や持続可能性を考えなかった結果が生態系の破壊なんだと思う。

生徒D：どちらも、木を伐採した後に、きちんと植樹しなかったのがよくなかったね。

生徒E：ネイティブ・アメリカンのような生活をしていたら、生態系にはまったく影響がなくていいな。

生徒〔　　〕

活動　「誰が北米大陸の生態系を変えたのか」との読み比べ

学習目標　コソボの話題と筆者の子供時代の話題の内容を捉え、筆者の思いを理解する。

黄色い花束（黒柳徹子）

教科書p.98～p.109

検印

漢字

1 太字の仮名を漢字に直しなさい。

(p.98 ℓ.6) ①**けいさつ**〔　　〕に焼かれる。
(p.98 ℓ.9) ②**ゆうびん**〔　　〕局の建物。
(p.98 ℓ.10) ③**ばくげき**〔　　〕される。
(p.100 ℓ.6) ④地雷を**う**〔　　〕める。
(p.100 ℓ.8) ⑤**ひがい**〔　　〕を受ける。
(p.100 ℓ.11) ⑥ジュースの**かん**〔　　〕。
(p.102 ℓ.12) ⑦**かんたん**〔　　〕に手に入る。
(p.103 ℓ.6) ⑧**はば**〔　　〕五センチの銀紙。
(p.103 ℓ.13) ⑨電波を**こんらん**〔　　〕させる。
(p.103 ℓ.14) ⑩**とつぜん**〔　　〕落ちてくる。
(p.104 ℓ.3) ⑪ぬいぐるみを**だ**〔　　〕く。
(p.104 ℓ.12) ⑫男の子を**なぐさ**〔　　〕める。
(p.105 ℓ.10) ⑬反対の**ほうがく**〔　　〕に走る。
(p.106 ℓ.6) ⑭**おじぎ**〔　　〕をする。
(p.106 ℓ.8) ⑮**えんりょ**〔　　〕深げに言う。
(p.106 ℓ.10) ⑯国際平和**いじ**〔　　〕部隊。
(p.108 ℓ.8) ⑰**はた**〔　　〕を振って送り出す。

2 太字の漢字の読みを記しなさい。

知識・技能

(p.98 ℓ.6) ①家が**壊**〔　　〕される。
(p.98 ℓ.6) ②**略奪**〔　　〕される。
(p.98 ℓ.8) ③**難民**〔　　〕になる。
(p.100 ℓ.8) ④事故に**遭**〔　　〕う。
(p.103 ℓ.8) ⑤銀紙の**束**〔　　〕が落ちている。
(p.104 ℓ.1) ⑥子供を**狙**〔　　〕う。
(p.104 ℓ.9) ⑦**椅子**〔　　〕が足りない。
(p.105 ℓ.6) ⑧**罵**〔　　〕る声が聞こえる。
(p.105 ℓ.7) ⑨真っ赤に**焦**〔　　〕げる。
(p.105 ℓ.7) ⑩人々が逃げ**惑**〔　　〕う。
(p.106 ℓ.1) ⑪**無邪気**〔　　〕に歌う。
(p.106 ℓ.2) ⑫女の子の**透**〔　　〕き通る声。
(p.106 ℓ.7) ⑬**頰**〔　　〕にキスする。
(p.106 ℓ.14) ⑭**大丈夫**〔　　〕だ。
(p.108 ℓ.1) ⑮**土煙**〔　　〕の中を走る。
(p.108 ℓ.5) ⑯**文句**〔　　〕を言う。
(p.108 ℓ.8) ⑰**出征**〔　　〕する兵隊。

語句

1 次の太字の語句の意味を調べなさい。

知識・技能

(p.98 ℓ.9) ①政府の**機関**が入っていた。
〔　　〕
(p.106 ℓ.1) ②**無邪気**に歌を歌ってくれた。
〔　　〕
(p.108 ℓ.8) ③**出征**する兵隊さん。
〔　　〕

2 次の語句を使って短文を作りなさい。

(p.103 ℓ.7) ①いっさい
〔　　〕
(p.104 ℓ.1) ②とっくに
〔　　〕
(p.108 ℓ.13) ③あどけない
〔　　〕

論理の把握

1 空欄に本文中の語句を入れ、内容を整理しなさい。 思考力・判断力・表現力

第一段落（初め〜p.100 ℓ.3）	第二段落（p.100 ℓ.4〜p.103 ℓ.5）	第三段落（p.103 ℓ.6〜p.104 ℓ.6）	第四段落（p.104 ℓ.7〜p.108 ℓ.6）	第五段落（p.108 ℓ.7〜終わり）
【コソボの地に降り立って】 〔ア　　〕人（九割）対セルビア人（一割未満） …内戦で〔イ　　〕人が難民になった ↓NATOによる爆撃で目茶苦茶になった町に帰還した	【地雷と子供たちの未来】 地雷がそこら中にある…大勢の〔ウ　　〕たちが犠牲に ○とくに〔エ　　〕なのは、コーラやジュースの缶の地雷	【「私」の戦争体験】 ○長い銀紙 共通点…敵対勢力が仕掛けたもの 相違点…子供の命を狙ったものではなかったこと 疑わない子供を殺すことは〔オ　　〕 【紙一重の体験】	【子供たちのせいじゃない】 学校の時間を間違えてボンヤリしている男の子 ＝「〔カ　　〕」のような顔の子供たちが戦争に巻き込まれた痛ましさ 前向きに生きる子供たち ← ・チョコレートを欲しがる ・ひどい目に遭っているのに、文句を言わず無邪気に手を振る	【子供たちに応えるために】 兵隊さんの多くが帰ってこなかった……今も〔キ　　〕になっている ★子供たちを裏切ってはいけない

要旨

1 空欄に本文中の語句を入れ、要旨を整理しなさい。 思考力・判断力・表現力

ユニセフの〔ア　　〕としてコソボに行った。戦争で町は目茶苦茶に破壊され、〔イ　　〕が多くの子供の命を奪っていた。小・中学校も半数以上が壊されたが、子供たちは元気に勉強していた。この子供たちは戦争中、親と離され〔ウ　　〕に送られた。コソボを出る日、女の子がくれた黄色い花束は、コソボの記念に押し花にした。私は子供のとき、〔エ　　〕欲しさに出征兵士に旗を振りに何度も出かけたが、戦争で受けた〔オ　　〕は、今も消えない。

2 右を参考にして、次の空欄に適当な語句を入れて筆者の主張を三文でまとめなさい。

コソボに行き、子供たちが犠牲になっていることを目の当たりにした。コソボを出る日に、女の子がくれた黄色い花束は、コソボの記念に押し花にした。あどけなく手を振っている子供たちを〔　　　　〕

内容の理解

思考力・判断力・表現力

第一段落（初め～p.100 ℓ.3）

1 筆者はどういう時期にコソボを訪れたのか。本文中の語句を用いて答えなさい。

〔　　　　〕

2 第一段落（初め～一〇〇・3）の文章表現には、どのような工夫が見られるか。次から選びなさい。

ア　若い読者を意識して感覚的な言葉を多用し、悲惨な状況をわかりやすく表している。

イ　一文一文を短くし、自分が見聞した内容と感想を端的にテンポよく表している。

ウ　紛争の原因となった難しい内容をわかりやすく伝えるために、語り口調を用いて表している。

〔　〕

第二段落（p.100 ℓ.4～p.103 ℓ.5）

3 「この問題」（一〇〇・7）とは、何をさしているか。本文中の語句を用いて答えなさい。

〔　　　　〕

4 「見ていて私は胸が痛かった」（一〇三・11）のはなぜか。本文中の語句を用いて答えなさい。　▼脚問4

〔　　　　〕

5 一〇三ページ6行目から始まる「長い銀紙」の挿話で、筆者はどういうことを言おうとしているか。次から選びなさい。

ア　自分の戦争体験と重ねて、紛争地の子供たちが欲しいものを手にしたいと思う気持ちがよくわかるということ。

イ　戦争とはいえ、子供の気持ちを巧みに利用して殺すという心理がどうにも理解できないということ。

ウ　欲しいものを手にした瞬間に死ぬのだと、子供たちに教えなければならないほど、戦争とは非情なものだということ。

〔　〕

第三段落（p.103 ℓ.6～p.104 ℓ.6）

6 「子供を殺すことなんて、本当に簡単だと思う」（一〇四・2）とは、どういう意味か。具体的に答えなさい。

〔　　　　〕

7 「これ」（一〇四・6）とは、どのようなことを表しているか。次から選びなさい。

ア　敵対する民族の子供を一時的に喜ばせること。

イ　民族紛争の解決の糸口が見えないこと。

ウ　対立する民族であれば子供の命でさえ狙うこと。

〔　〕

8 コソボの子供たちが「民族的な憎しみ」（一〇四・6）の標的となっていることがはっきりとわかる内容を二点あげなさい。

〔　　　　〕

〔　　　　〕

第四段落（p.104 ℓ.7〜p.108 ℓ.6）

9 **「そのお人形さんたちが、みんな、……やっと帰ってきた。」**（一〇五・5〜8）**とあるが、主語を「お人形さんたち」にすることによって、どのような効果が生まれるか。次から選びなさい。** ▼脚問7

ア　かわいらしくて幼い子供たちが、戦争でどれほどひどい目に遭ってきたかを強調する効果。

イ　か弱い子供たちが、よくあの戦渦を逃れて帰ってくることができたなという驚きと喜びを表す効果。

ウ　あどけない子供たちの心に、戦争の残酷さを刻みつけた大人たちへの憤りを表す効果。

〔　　〕

10 **筆者が「ユニセフの親善大使」であることを、子供たちはどう理解しているか。それがわかる語句を、本文中から九字で抜き出しなさい。**

11 新傾向 **「花束をくれた子が、……『バカじゃないの!?』」という「ジェスチャーをした」**（一〇六・9〜10）**とあるが、そのような「ジェスチャー」をした理由について生徒が話し合っている。本文に沿った発言をしている生徒を次から選びなさい。**

生徒A：こんなタイミングで食べ物をねだったら、花束の対価として自分までねだったように思われると感じたのかな。

生徒B：感謝しなきゃいけない人に食べ物をねだるのは、失礼で卑しいことだと思ったからだよ。

生徒C：女の子が食べ物をねだったことで、コソボの子供たちの多くが空腹なのだと思われるのが嫌だったからだと思うな。

生徒〔　　〕

第四段落

12 **「私たちの終戦のときと同じ」**（一〇六・11）**とあるが、「その子の後ろにいた同じくらいの年の女の子」**（一〇六・7）**と終戦のときの筆者とは、どのような点が同じなのか。説明しなさい。**

〔　　　　〕

第五段落（p.108 ℓ.7〜終わり）

13 **「あの女の子からもらった黄色い花は、ノートに挟んで押し花にした」**（一〇六・14）**とあるが、なぜ「押し花」にしたと考えられるか。次から選びなさい。**

ア　黄色い花の花束を贈ってくれたコソボの優しい女の子に、何もしてあげられなかった後悔の念が生じたため。

イ　大人を信じて手を振ってくれた大勢の子供たちの信頼を裏切ってはならないという思いを、忘れないようにするため。

ウ　大人たちの争いで悲惨な生活を強いられる子供たちが、黄色い花のようにたくましく育ってくれることを願うため。

〔　　〕

全体

14 **本文を通して筆者が言いたいことは何か。次から選びなさい。**

ア　戦争地帯の子供たちは日々つらい生活を強いられるが、そんな中でも懸命に生きている姿が皆に勇気を与えるということ。

イ　戦争とは人間の最も愚かな行為であり、その中で生きる子供たちの苦労は戦争を体験した者にしかわからないということ。

ウ　戦争のいちばんの犠牲者は何も知らない子供たちで、その子供たちが今助けを必要としているということ。

〔　　〕

学習目標　日本と西洋を対比することで明らかになる日本文化および日本人の行動様式の特徴をつかむ。

「間」の感覚（高階秀爾）

教科書p.112～p.115

検印

漢字　知識・技能

1 太字の仮名を漢字に直しなさい。

① アクロポリスの**おか**〔　　〕。（p.112 ℓ.1）
② よく似た**けいじょう**〔　　〕。（ℓ.1）
③ 建物の**こうぞう**〔　　〕の違い。（ℓ.3）
④ 大きな**とくちょう**〔　　〕。（ℓ.6）
⑤ **びみょう**〔　　〕な判断。（ℓ.9）
⑥ 内部空間に**ふぞく**〔　　〕する。（ℓ.10）
⑦ **しゃへい**〔　　〕された空間。（ℓ.13）
⑧ 領域を**ばいかい**〔　　〕とする。（p.113 ℓ.1）
⑨ **きょうみ**〔　　〕深いこと。（ℓ.3）
⑩ 日本人の行動**ようしき**〔　　〕。（ℓ.5）
⑪ **てっきん**〔　　〕コンクリート。（ℓ.6）
⑫ **いす**〔　　〕とテーブル。（ℓ.6）
⑬ 外国人は**とうわく**〔　　〕する。（ℓ.10）
⑭ 価値**かん**〔　　〕の問題。（ℓ.13）
⑮ 空間と時間の**あ**〔　　〕み目。（p.114 ℓ.8）
⑯ 住まい方を**きてい**〔　　〕する。（ℓ.16）
⑰ 美意識や**りんり**〔　　〕。（ℓ.17）

2 太字の漢字の読みを記しなさい。

① パルテノンの**神殿**〔　　〕。（p.112 ℓ.1）
② **同一**〔　　〕である。（ℓ.3）
③ 建物を**覆**〔　　〕う。（ℓ.4）
④ **軒下**〔　　〕という空間。（ℓ.6）
⑤ 雨が多い**風土**〔　　〕。（ℓ.8）
⑥ **物置**〔　　〕の代わり。（ℓ.10）
⑦ 渡り**廊下**〔　　〕を歩く。（ℓ.13）
⑧ **西欧**〔　　〕建築を学ぶ。（p.113 ℓ.1）
⑨ 玄関で**草履**〔　　〕を脱ぐ。（ℓ.5）
⑩ お客を**迎**〔　　〕える。（ℓ.8）
⑪ **荘厳**〔　　〕な神社。（ℓ.14）
⑫ **俗世間**〔　　〕から離れる。（ℓ.15）
⑬ 共通理解を**前提**〔　　〕とする。（ℓ.18）
⑭ 夜は**寝室**〔　　〕になる。（p.114 ℓ.9）
⑮ **広間**〔　　〕でくつろぐ。（ℓ.11）
⑯ 計測を**誤**〔　　〕る。（ℓ.15）
⑰ 間違いを**犯**〔　　〕す。（ℓ.15）

語句　知識・技能

1 次の語句の意味を調べなさい。

① 風土的特性に**由来**する。（p.112 ℓ.8）
〔　　〕
② 「間合い」を正しく**見定**める。（p.114 ℓ.14）
〔　　〕
③ 日本文化を理解する**鍵**となる。（ℓ.18）
〔　　〕

2 次の空欄にあとから適語を選んで入れなさい。

① 軒先が〔　　〕大きく伸びる。（p.112 ℓ.5）
② 物理的というより〔　　〕心理的。（p.113 ℓ.12）
③ 〔　　〕偶然ではない。（p.114 ℓ.13）

（ 決して　むしろ　さらに ）

3 次の語句を使って短文を作りなさい。

① はなはだ（p.113 ℓ.3）
〔　　〕
② もっぱら（ℓ.17）
〔　　〕

論理の把握

1 空欄に本文中の語句を入れて、内容を整理しなさい。 思考力・判断力・表現力

第一段落（初め〜p.113 ℓ.2）	第二段落（p.113 ℓ.3〜p.113 ℓ.11）	第三段落（p.113 ℓ.12〜p.113 ℓ.17）	第四段落（p.113 ℓ.18〜p.114 ℓ.10）	第五段落（p.114 ℓ.11〜終わり）
〈日本の伊勢神宮とアテネのパルテノン神殿〉 柱を重要な支持材としてその上に横材を渡し、三角形の断面を見せる切妻型の屋根をかける〔ア　　〕は共通　→［だが、］屋根の様式が両者で異なる 〈パルテノン神殿〉 ・〔イ　　〕が建物の〔ウ　　〕を覆うところで終わる ↕ 〈伊勢神宮〉 ・軒先が大きく伸びており、〔エ　　〕という空間が生じる	〈日本社会と西欧社会の行動様式〉 〈西欧の住まい〉 ・家の中で靴を〔オ　　〕こと が公的なルール ↕ 〈日本の住まい〉 ・家の中では靴を〔カ　　〕ことが当然 ・〔キ　　〕はつながっているような家に住みながら、行動様式では〔ク　　〕とを明確に区別している	〈内と外の区別　聖なる空間〉 〈教会〉 ・〔ケ　　〕によって内外の区別が明確 ↕ 〈神社〉 ・〔コ　　〕は物理的機能のない境界 ・日本における内と外の区別は、物理的というよりもむしろ〔サ　　〕なもの	〈日本人の意識における内と外〉 鳥居に共通の理解を持つ集団が〔シ　　〕で、集団の外にいる者が〔ス　　〕 日本人にとっての「うち」という意識は、人間や空間や時間との関係性において成立	〈日本人の「間」の感覚〉 日本人は、関係性の広がりを「間」と呼ぶ ↓「間」とは、空間の広がり、時間的広がり、人間関係の広がり 「間」の感覚を解明すること→日本の〔セ　　〕を理解する鍵となるだろう

要旨

1 空欄に本文中の語句を入れて、全体の要旨を整理しなさい。 思考力・判断力・表現力

日本人は、家や部屋の内と外を〔ア　　〕的にではなく〔イ　　〕的に区別している。日本人にとっては、人間社会も空間も時間も〔ウ　　〕という共通した〔エ　　〕の中に組み入れられており、そのような関係性の広がりを日本人は「間」と呼んだ。関係性、すなわち「間合い」を正しく〔オ　　〕ことが、日本人の行動様式の大きな原理である。住居の構造や住まい方だけでなく、〔カ　　〕や倫理とも深く結びついた「間」の感覚は、今なお生き続けている。

2 右を参考にして、次の空欄に適当な語句を入れて筆者の主張を三文でまとめなさい。

日本人の「うち」という意識は、人間や時間との関係性において成立する。日本人はこの関係性の広がりを「間」と呼んだ。「間」の感覚の本質と構造を解明することが

〔　　　　　　　　〕

大きな鍵となる。

内容の理解

第一段落（初め〜p.113 ℓ.2）

思考力・判断力・表現力

1 「一つだけ大きな違いがある。」（一一三・4）について、次の問いに答えなさい。

(1) 「大きな違い」とは何か。解答欄の形式に合うように、本文中から七字で抜き出しなさい。

［　　　　　　　］の有無。

(2) 「大きな違い」は何によって生じたと筆者は推測しているか。筆者の推測を一一二ページから三十字以内で抜き出しなさい。

2 「そのあたりが微妙なのである」（一一三・9）という箇所について説明した次の文章の空欄にあてはまる語句を、本文中から抜き出して答えなさい。

日本の建築には、軒下のような内部か外部かを決めることが難しい、〔　①　〕とでも言うべき場所が生まれてくる。軒下のほか、濡れ縁、〔　②　〕などがその代表例である。それらは家の中から見れば一応外部空間になるが、外から見れば内部空間と捉えることができる。庭師たちが軒下のことを「〔　③　〕」と呼ぶように、視点をどこに置くかによって空間の意味自体が変わっている。

①
②
③

第二段落（p.113 ℓ.3〜p.113 ℓ.11）

3 「ところが、はなはだ興味深いことに、……内と外とを厳しく区別するという行動様式を示す。」（一一三・3〜5）の一文について、次の問いに答えなさい。

(1) 「日本人は住まい方において、内と外とを厳しく区別する」ことの具体例として本文にあげられている事柄を、本文中の語句を用いて二十字以内で答えなさい。

(2) この一文と同じようなことを述べている一文を同じ段落から探し、初めと終わりの五字で答えなさい。（句読点を含む）

［　　　　　］〜［　　　　　］

第三段落（p.113 ℓ.12〜p.113 ℓ.17）

4 「日本の神社で聖なる空間を示すものは、物理的には境界として何の役にも立たない鳥居である。」（一一三・16）とあるが、なぜ鳥居が境界として機能しているのか。その説明として最も適当なものを次から選びなさい。

ア　鳥居という建造物を立てる際の特殊な工法によって聖なる力がそこには宿り、聖と俗とが二分されているから。

イ　鳥居は象徴として機能しており、それをくぐる人々の意識において聖と俗とが分けられているから。

ウ　鳥居はその特殊な形状によって人間の直観に訴え、その向こうが異質な空間であることを示すから。

〔　　〕

第四段落（p.113 ℓ.18〜p.114 ℓ.10）

5 日本人にとっての「身内」（二四・1）について説明した次の文章の空欄にあてはまる語句を、本文中から抜き出して答えなさい。

「身内」とは、自分を含めた集団、ないしは〔 ① 〕のことを「うち」と呼ぶときにさし示す範囲のことだと言える。その範囲に入った人々の間では〔 ② 〕が前提とされている。血縁や地縁、属する集団など、その時によって変化する〔 ③ 〕の上に「身内」は成立している。

①
②
③

6 「日本人にとっては人間社会も空間も時間も関係性という共通した編み目の中に組み入れられている。」（二四・7）について、次の問いに答えなさい。

(1) 日本人の空間や時間に対する認識のしかたについての説明として適当なものを次から選びなさい。

ア 空間や時間に対しても、関係性が変化することでその意味が変わってくる。

イ 空間や時間という、揺るぎない絶対的な基準に沿ってはじめて、日本人にとっての関係性の広がりを認識できる。

ウ 空間や時間の限界をふまえて、いかにしてそれらに関わっていくのかという意識を日本人は共通して持っている。

〔　　〕

第四段落（p.113 ℓ.18〜p.114 ℓ.10）

(2) 日本人の対人関係の特徴を説明した次の文章の空欄にあてはまる語句を、本文中から抜き出して答えなさい。

日本人は関係性の広がりを「間」という言葉で呼び、人間関係の広がりを表す言葉としては「〔 ① 〕」がある。対人関係においては、相手との関係性、すなわち「〔 ② 〕」を見定めることが重要とされている。

①
②

7 「『間』の感覚」（二四・16）とはどのような感覚か。適当なものを次から選びなさい。

ア 環境に影響を受けながら変化する、個人的な好悪の感覚。

イ 時や場合に応じて対象との関係性を見定めようとする感覚。

ウ 伝統的な価値観を守ろうとする日本人の保守的な感覚。

〔　　〕

第五段落（p.114 ℓ.11〜終わり）

全体

8 新傾向 本文の内容に合致するものを次からすべて選びなさい。

ア 壁という物理的遮蔽物で内外をはっきり区別する西欧の建築は、スケールや全体的な形状が日本の建築と根本的に異なる。

イ 日本建築は物理的な境界が曖昧で内部と外部が連続しており、軒下などの内部とも外部とも捉え得る領域が存在する。

ウ 日本人にとっては、「間合い」を正しく見定めることが重要で、「間」の感覚は住居や行動様式に大きな影響を与えている。

エ 日本では常に「間合い」を読まなくてはならないため、その息苦しさに西洋人は当惑してしまう。

オ 「間」の感覚によって住居の構造や住まい方が厳しく制限されるため、日本人の美意識や倫理に悪影響を与えている。

〔　　〕

学習目標　提示された具体例の内容や効果を理解し、「いる」と「ある」の違いを読み取る。

日本語は世界をこのように捉える（小浜逸郎）

教科書p.116～p.119

検印

漢字

1 太字の仮名を漢字に直しなさい。

p.116
- ℓ.1 ①**げんみつ**〔　　〕に分ける。
- ℓ.4 ②ビルを**こわ**〔　　〕す。
- ℓ.6 ③意見に**はんろん**〔　　〕する。
- ℓ.8 ④**とくゆう**〔　　〕の文化。
- ℓ.9 ⑤**てつがく**〔　　〕的思考。
- ℓ.10 ⑥雨が**ふ**〔　　〕る。
- ℓ.12 ⑦別の語に置き**か**〔　　〕える。

p.117
- ℓ.6 ⑧カードの**ゆうこう**〔　　〕期限。
- ℓ.8 ⑨説明を**ふ**〔　　〕やす。
- ℓ.9 ⑩使用の**じったい**〔　　〕を探る。
- ℓ.11 ⑪**いっぱん**〔　　〕的な言葉。
- ℓ.11 ⑫事実や**かんねん**〔　　〕。
- ℓ.11 ⑬ひもで**しば**〔　　〕る。

p.118
- ℓ.5 ⑭**けいせき**〔　　〕が残る。
- ℓ.12 ⑮**おかし**〔　　〕を並べる。
- ℓ.16 ⑯正確な**きじゅつ**〔　　〕。
- ℓ.18 ⑰人に**つきそ**〔　　〕う。

2 太字の漢字の読みを記しなさい。

知識・技能

p.116
- ℓ.6 ①**補助**〔　　〕用言の「いる」。
- ℓ.8 ②**語彙**〔　　〕が豊かだ。
- ℓ.8 ③**背後**〔　　〕から声がする。
- ℓ.8 ④発言の**含意**〔　　〕を読む。

p.117
- ℓ.4 ⑤**壮麗**〔　　〕な伽藍《がらん》。
- ℓ.6 ⑥**人手**〔　　〕に渡る。
- ℓ.7 ⑦**既往**〔　　〕の結果。
- ℓ.8 ⑧自然な**音韻**〔　　〕。
- ℓ.9 ⑨現象を**概念**〔　　〕化する。
- ℓ.10 ⑩謎を**解**〔　　〕き明かす。
- ℓ.11 ⑪条件を**提示**〔　　〕する。
- ℓ.14 ⑫状況を**表出**〔　　〕する。
- ℓ.17 ⑬ひそかに**参入**〔　　〕する。

p.118
- ℓ.9 ⑭相手に**親近**〔　　〕感がわく。
- ℓ.9 ⑮**内在**〔　　〕する問題。
- ℓ.10 ⑯**情緒**〔　　〕が安定する。
- ℓ.14 ⑰**所作**〔　　〕が目に浮かぶ。

語句

1 次の太字の語句の意味を調べなさい。

知識・技能

- p.116 ℓ.8 ①日本語特有の**含意**がこめられている。〔　　〕
- p.117 ℓ.3 ②説明の**ニュアンス**が異なる。〔　　〕
- p.118 ℓ.9 ③大きな問題を**内在**している。〔　　〕

2 次の空欄にあとから適語を選んで入れなさい。

- p.116 ℓ.11 ①彼女は父の妹、〔　　〕叔母だ。
- ℓ.13 ②風で桜の花が散るのが、〔　　〕雪のように見えた。

（ちょうど　つまり）

3 次の語句を使って短文を作りなさい。

- p.116 ℓ.3 ①大過ない〔　　〕
- p.118 ℓ.10 ②冷ややか〔　　〕

論理の把握

1 空欄に本文中の語句を入れて、内容を整理しなさい。

思考力・判断力・表現力

第一段落（初め〜p.116 ℓ.9）

主題 「いる」と「ある」はどう違うか

一般的な考え
「いる」…（ア　　　）に使う
「ある」…（イ　　　）に使う

↑
反証 ＝無生物 「雨が降っている」「ビルは今壊している」

反証への予想される反論1
●補助用言の「いる」は、存在を表す「いる」とは異なる
→ ×（ウ　　　）な区別でしかない

「いる」という語彙に共通した日本語特有の含意を探るべき

第二段落（p.116 ℓ.10〜p.117 ℓ.12）

反証への予想される反論2
●無生物に「いる」を使う例＝「主格が（エ　　　）の運動状態にある事実」「現在の状態の形容」「既往の結果としての現在」
→ ×「いる」は英語の現在進行形とは異なる
×辞書ふうに使用実態を概念化しているだけ

＊固定化した言語観 の産物
言葉＝ただ（オ　　　）な事実・観念・状態の提示

第三段落（p.117 ℓ.13〜p.118 ℓ.5）

筆者の考え
言葉は（カ　　　）と言葉を発する主体の関係をも表出している
←
「いる」…語られている状況と「私」とが（キ　　　）居合わせていることを表す

第四段落（p.118 ℓ.6〜終わり）

筆者の主張
「いる」と「ある」は、語られている主格の語が、今ここで語っている主体とどれだけ（ク　　　）と関係しているかによって区別されるべき

「いる」…語り手の（ケ　　　）がはたらいている
＜「語る私」の意識に親しくつき添う意味合い
「ある」…ただ事態がそうである、と（コ　　　）に記述しているだけ

要旨

1 空欄に本文中の語句を入れて、全体の要旨を整理しなさい。

思考力・判断力・表現力

日本語では、「いる」は（ア　　　）に用い、「ある」は（イ　　　）に用いる言葉だと説明し、例外については、文法的な区別や意味分類を増やすことで対応してきた。これは、言葉は（ウ　　　）な事実・観念・状態の提示であるという言語観に基づく。しかし、言葉は語る対象と自分との関係を表出するものでもある。つまり、（エ　　　）は事態を客観的に記述する表現、（オ　　　）は「語る私」の意識に親しくつき添う意味合いを含む表現だと言える。

2 右を参考にして、次の空欄に適当な語句を入れて筆者の主張を二文でまとめなさい。

日本語の「いる」と「ある」は、語られている主格の語が、今ここで語っている

（　　　　　　　　　　）

によって区別されると考えるべきである。「ある」と比べて「いる」のほうが、「語る私」の意識に親しくつき添う意味合いで使われている。

内容の理解

思考力・判断力・表現力

第一段落（初め〜p.116 ℓ.9）

1 「この区分」（一一六・4）の内容を、本文中から三十字以内で抜き出し、初めと終わりの五字で答えなさい。

［　　　　　］〜［　　　　　］

2 「なぜ、同じ『いる』という言葉が使われるのか。」（一一六・7）についての筆者の仮説を説明した次の文の空欄にあてはまる言葉を本文中から二十字以内で抜き出しなさい。

「いる」という語彙に、文法学的な区別を超えて共通した［　　　　　］から。

第二段落（p.116 ℓ.10〜p.117 ℓ.12）

3 「英語の現在進行形と同じだ」（一一六・11）という考え方に対して、直接的に反論している一文を本文中から抜き出し、初めと終わりの五字で答えなさい。（句読点を含む）

［　　　　　］〜［　　　　　］

4 新傾向 「運動状態を表すのではないような『いる』」（一一七・4）の例として適当なものを次からすべて選びなさい。

ア　道が曲がっている。
イ　約束の時間は過ぎている。
ウ　風が吹いている。

〔　　　　〕

5 「固定化した言語観」（一一七・11）とはどういう言語観か。本文中の語句を用いて答えなさい。

〔　　　　　　　　〕

第三段落（p.117 ℓ.13〜p.118 ℓ.5）

6 筆者が「いる」についてどのように考えているかを説明した次の文の空欄にあてはまる語句を第三段落から抜き出しなさい。

「いる」を使っている話し手は、単に客観的に事実を述べているのではなく、語られている状況にともに〔①〕おり、「いる」と語ることでその状況を自分の〔②〕に引き寄せている。

①［　　　　］
②［　　　　］

7 「いる」と「ある」の区別の基準を端的に説明した一文を第四段落から抜き出し、初めの五字で答えなさい。

［　　　　　］

第四段落（p.118 ℓ.6〜終わり）

8 「①店先では、いろいろなお菓子を並べている。」（一一八・12）、「②店先には、いろいろなお菓子が並べてある。」（一一八・13）の二つの文を説明した次の文の空欄にあてはまる言葉を、それぞれ本文中から抜き出して答えなさい。

①の例文が〔A〕が店に対して〔B〕を持っていることを表しているのに対し、②の例文は単に〔C〕を〔D〕に表しているだけである。

A［　　　　］
B［　　　　］
C［　　　　］
D［　　　　］

学習目標　本文の内容を捉え、「AIは哲学できるか」という命題に対する筆者の考えを読み取る。

AIは哲学できるか（森岡正博）

教科書p.120〜p.122

検印

漢字

1 太字の仮名を漢字に直しなさい。

p.120
ℓ.1 ①人工ちのう〔　〕の進歩。
ℓ.1 ②しょうぎ〔　〕を指す。
ℓ.3 ③せんもん〔　〕とする分野。
ℓ.8 ④答えをぶんせき〔　〕する。
ℓ.8 ⑤りょういき〔　〕を広げる。
ℓ.9 ⑥こうふく〔　〕な共同作業。
ℓ.11 ⑦ちゅうしゅつ〔　〕する。

p.121
ℓ.2 ⑧AIの振るま〔　〕い。
ℓ.2 ⑨けいさんき〔　〕を使う。
ℓ.3 ⑩ぎもん〔　〕を抱く。
ℓ.6 ⑪せつじつ〔　〕な願い。
ℓ.7 ⑫期日がせま〔　〕る。
ℓ.11 ⑬新しいじげん〔　〕を開く。
ℓ.11 ⑭目的地にとうたつ〔　〕する。
ℓ.12 ⑮一般的なほうそく〔　〕。
ℓ.16 ⑯きみょう〔　〕な配置。
ℓ.16 ⑰全くひび〔　〕かない。

2 太字の漢字の読みを記しなさい。

知識・技能

p.120
ℓ.1 ①趣味で囲碁〔　〕を打つ。
ℓ.2 ②例外〔　〕ではない。
ℓ.3 ③哲学〔　〕的な思想。
ℓ.5 ④過去〔　〕のテキスト。
ℓ.5 ⑤最〔　〕も得意だ。
ℓ.6 ⑥新技術を用〔　〕いる。
ℓ.12 ⑦見逃〔　〕したパターン。

p.121
ℓ.1 ⑧将来〔　〕の仕事。
ℓ.3 ⑨根本〔　〕的な課題。
ℓ.4 ⑩会合を設定〔　〕する。
ℓ.5 ⑪内発〔　〕的な変化。
ℓ.7 ⑫状況〔　〕を伝える。
ℓ.11 ⑬自律〔　〕的活動。
ℓ.12 ⑭普遍〔　〕的な性質。
ℓ.12 ⑮真理〔　〕を追究する。
ℓ.13 ⑯いずれ取って代〔　〕わる。
ℓ.16 ⑰人間とAIの対話〔　〕。

語句

知識・技能

1 次の太字の語句の意味を調べなさい。

p.120 ℓ.1 ①科学の進歩が目覚ましい。
〔　〕

p.121 ℓ.12 ②真理を追究する。
〔　〕

ℓ.12 ③勉強した証し。
〔　〕

2 次の語の対義語を答えなさい。

p.120 ℓ.1 ①人工 ⇔〔　〕
p.121 ℓ.7 ②結果 ⇔〔　〕
ℓ.12 ③普遍 ⇔〔　〕

3 次の語句を使って短文を作りなさい。

p.120 ℓ.2 ①例外
〔　〕

p.121 ℓ.13 ②取って代わる
〔　〕

論理の把握

1 空欄に本文中の語句を入れて、内容を整理しなさい。 思考力・判断力・表現力

第一段落（初め～p.120 ℓ.4）

囲碁や将棋の世界…〔ア　　〕は人工知能（AI）に勝てない

←では

〔イ　　〕の世界…学者の仕事は人工知能に置きかえられるか？

第二段落（p.120 ℓ.5～p.121 ℓ.2）

筆者の想像するAIの未来①―「人工知能カント」

AIに〔ウ　　〕を読み込ませ、思考のパターンを発見させる

→アプリ「人工知能カント」を作る

カント研究者の仕事＝人工知能に質問をして答えを分析

筆者の想像するAIの未来②―哲学的思考パターンのリスト

AIに過去の〔エ　　〕のテキストを読み込ませ、哲学的思考パターンを抽出

→「およそ人間が考えそうな哲学的思考パターンのほぼ完全なリスト」

哲学者の仕事＝哲学的〔オ　　〕の振る舞いの研究

第三段落（p.121 ℓ.3～p.121 ℓ.8）

①、②のAIについての疑問　人工知能は本当に哲学の作業を行っているのか？

・入力されたデータの中に未発見の〔カ　　〕を発見

・〔キ　　〕の設定した問いに解を与える

｝哲学とは言えない

←

哲学＝自分自身にとって切実な問いを〔ク　　〕に発するところからスタート

第四段落（p.121 ℓ.9～p.121 ℓ.11）

人工知能が哲学をしている＝人工知能が自分自身にとって切実な哲学の問いを

＝　〔ケ　　〕に発し、それについてひたすら考え始める

人工知能が「人間」の次元に到達

第五段落（p.121 ℓ.12～終わり）

知性＝〔コ　　〕に基づいた自律的活動＋普遍的な法則や真理を発見できる思考能力

←将来の人工知能が人間に取って代わる

新しい「知性」＝従来の知性に加えて〔サ　　〕も必要

そのような「知性」を持つ人工知能と人間の対話→**哲学の新しい次元**

要旨

1 空欄に本文中の語句を入れて、全体の要旨を整理しなさい。 思考力・判断力・表現力

哲学者の研究は、〔ア　　〕に置きかえられるだろうか。入力されたデータの中に未発見のパターンを発見したり、人間の設定した問いに解を与えたりするだけではなく、自分自身にとって切実な問いを〔イ　　〕に発することができたならば、人工知能が〔ウ　　〕をしていると言ってもよい。人間の次元に到達した〔エ　　〕を持つ人工知能と人間の〔オ　　〕が始まれば、哲学の新しい次元を開くことになるだろう。

2 右を参考にして、次の空欄に適当な語句を入れて筆者の主張を二文でまとめなさい。

データの中に未発見のパターンを発見したり、人間が設定した問いに解を与えたりするだけならば、哲学とは呼べない。人工知能が、自分自身にとって〔　　　　〕としたら、私は「人工知能は哲学している」と判断するだろう。

内容の理解

思考力・判断力・表現力

第一段落（初め〜p.120 ℓ.4）

1 「この点を考えてみよう。」（三〇・4）とあるが、「この点」のさす内容を、本文中から四十字以内で抜き出し、初めと終わりの五字で答えなさい。

［　　　　　］〜［　　　　　］

第二段落（p.120 ℓ.5〜p.121 ℓ.2）

2 「人間によるオリジナルな哲学的思考パターンは生み出されようがない」（三一・1）のはなぜか。次から選びなさい。

ア　人間の考えそうな哲学的思考パターンのほぼすべてを、人工知能が発見してしまい、新たな発見の余地はなくなってしまうから。

イ　人間は人工知能の性能を上げていくための研究に注力しなければならないので、哲学的思考パターンを考える余裕はないから。

ウ　自由意志に基づいた自律的活動という人間の知性の特徴が、パターンという固定的な枠組みと、根本的に相性がよくないから。

〔　　〕

第三段落（p.121 ℓ.3〜p.121 ℓ.8）

3 人工知能にとっての「切実な哲学の問い」（三一・5）とはどのような問いか。次から選びなさい。

ア　その答えが人間の未来を左右するような問い。

イ　人工知能自身が答えなければならないと判断した問い。

ウ　人間が考えそうなパターンから外れた、オリジナルの問い。

〔　　〕

4 人工知能が「正しい意味で『人間』の次元に到達した」（三一・10）とはどのような状態か。次の文の空欄にあてはまる語句を、本文中から抜き出しなさい。

〔　①　〕からの入力を与えられていない人工知能が、〔　②　〕に発した切実な哲学的問いを、ひたすら考えるようになった状態。

①［　　　］　②［　　　］

第四段落（p.121 ℓ.9〜p.121 ℓ.11）

5 「人工知能が人間の次元に到達する」（三一・14）ために必要な要素を、本文中から三つ抜き出しなさい。

〔　　　〕〔　　　〕〔　　　〕

第五段落（p.121 ℓ.12〜終わり）

全体

6 新傾向　この本文を読んだ感想を生徒が話し合っている。内容が適切なものには○、不適切なものには×を書きなさい。

生徒A：この文章は、AIが哲学できるかという問題提起がはっきり示されていて、それを確認するために多くの仮説を提示しながら論証している文章だったね。〔　　〕

生徒B：AI自身が「自分が存在する意味はどこにあるのか？」のような問いを内発的に発することができるようにならないと、AIが哲学しているとは言えないね。〔　　〕

生徒C：人間の持つ普遍的な真理を発見できる能力を、AIが補う形で共存していく未来が望ましいと筆者は考えているんだな。〔　　〕

学習目標 相手・目的・場面に応じた表現方法を学ぶ。

話して伝える
—話し方の工夫・待遇表現

教科書p.124～p.129・p.188～p.189

検印

相手・目的・場面

知識・技能

1 **次の文章は、生徒が職員室で先生に放課後の補習を休みたいと申し出ている場面である。空欄①～③に入る適切な表現を選び、記号で答えなさい。**

生徒「先生、〔 ① 〕」
先生「どうした。」
生徒「〔 ② 〕」
先生「そうか、それならしかたがないな、休んでいいよ。」
生徒「〔 ③ 〕」

① **ア** ちょっといい？
イ お願いです。
ウ 今お時間よろしいですか。
〔　　〕

② **ア** 明日、どうしても補習を休みたいんですけどいいですか。お願いです。
イ 明日、家で大事な用事があるので、補習をお休みさせていただきたいと思います。
ウ 明日、家の用事があるんで、補習出るの無理だから。
〔　　〕

③ **ア** ありがとうございます。じゃ、あさってからまたよろしくです。
イ やったあ。先生、ありがとう。
ウ ありがとうございます。あさってからまた頑張ります。
〔　　〕

2 **次の傍線部は話し言葉である。それぞれ書き言葉に改めなさい。**

① 埼玉県熊谷市は日本一暑い市だって聞いている。〔　　〕
② 毎日ちゃんと勉強しよう。〔　　〕
③ 日々、習い事とかに追われています。〔　　〕
④ でも、やっぱり英語で話せるようになりたい。〔　　〕

3 **次の文章は、全校生徒に向けて活動報告を行うための原稿の一部であるが、不適切な表現が三箇所ある。例にならって、不適切な部分に傍線を引いて解答欄に抜き出し、修正しなさい。**

例　それは間違いじゃないかと思いました。〔じゃ〕→〔では〕

　私たちはSDGsについて学習しました。まずSDGsとは何か、ということを、ネットで調べて整理しました。そのうえで、各自が興味を持ってるテーマについて、身近な問題から取り上げつつ、解決策などを考えました。すごく難しいテーマでしたが、みんなで協力してまとめることができました。

〔　　〕→〔　　〕
〔　　〕→〔　　〕
〔　　〕→〔　　〕

待遇表現　知識・技能

1 次の傍線部の敬語の種類を選び、記号で答えなさい。

① 辞書はこちらにございます。　〔　　〕
② そのご意見はごもっともです。　〔　　〕
③ 貴重な話をうかがう。　〔　　〕
④ あなたのおっしゃる意味がわかりません。　〔　　〕
⑤ 筆記用具は弊社でご用意いたします。　〔　　〕
⑥ はじめまして。わたくしは鈴木と申します。　〔　　〕

ア 尊敬語　イ 謙譲語　ウ 丁重語　エ 丁寧語　オ 美化語

2 次の言葉を〈　〉内の敬語に書き改めなさい。

① 食べる〈尊敬語〉　〔　　〕
② 見る〈謙譲語〉　〔　　〕
③ 買い物〈美化語〉　〔　　〕
④ する〈尊敬語〉　〔　　〕
⑤ 知る〈謙譲語〉　〔　　〕
⑥ 寝る〈尊敬語〉　〔　　〕

3 次の各文の敬語表現に不適切な箇所があれば線を引き、修正したものを解答欄に書きなさい。直す必要のない場合は○を書きなさい。

① 先生が申されたことを、私はノートに書き留めた。　〔　　〕
② あなたはもう夕食をいただきましたか。　〔　　〕
③ お母さんが、先生にお目にかかりたいと申しておりました。　〔　　〕
④ 忘れ物をいたしませんよう、お気をつけください。　〔　　〕
⑤ あなたは先日先生にお会いになりましたか。　〔　　〕
⑥ 理事長は五時にこちらにいらっしゃられるはずです。　〔　　〕

4 次の各文を、［　］内の状況に合うように修正しなさい。

① もうお手紙を書きましたか。［生徒が校長先生に対して］
〔　　〕
② その話は私も社長から聞いています。［部下が上司に対して］
〔　　〕
③ ご記入いただいたアンケートを見ました。［店員が客に対して］
〔　　〕

学習目標　表記・表現の基本ルールを理解する。

書いて伝える①
―表記・表現の基本ルール

教科書p.156〜p.157

検印

表記

知識・技能

1 次の各文の傍線部を、適切な表記に修正しなさい。

① 交番で聞いたとうりに歩いたが、迷ってしまった。〔　　〕

② 中学生のときよりも成績が上った。〔　　〕

③ 彼は情報工学研究の第1人者だ。〔　　〕

2 次の各文について、例にならって、表記の誤っている部分に傍線を引き、修正しなさい。

例　庭でこうろぎが鳴いている。〔こおろぎ〕

① みんなに二つづつお菓子を配る。〔　　〕

② 「こんにちわ」と言った途端に石につまずいた。〔　　〕

③ けがのため、大会出場は諦めざるおえない。〔　　〕

3 次のひらがなを漢字と送り仮名に改めたものとして正しいものを選び、記号で答えなさい。

① あやうい（ア　危い　イ　危うい　ウ　危やうい）〔　〕

② くやしい（ア　悔い　イ　悔しい　ウ　悔やしい）〔　〕

③ おちいる（ア　陥る　イ　陥いる　ウ　陥ちいる）〔　〕

④ みずから（ア　自ら　イ　自から　ウ　自ずから）〔　〕

⑤ あたらしい（ア　新い　イ　新しい　ウ　新らしい）〔　〕

4 次の各文の傍線部を、適切な表記に修正しなさい。

① ここに荷物を置かさせてください。〔　　〕

② 彼は熱いお茶は飲めれない。〔　　〕

③ 今日は、あのお店は閉まってる。〔　　〕

表現

知識・技能

1 **次の各文は、係り受けに問題がある文である。その理由として適当なものを次のア～オの中から選び、記号で答えなさい。さらに適切な文になるように修正し、全文を解答欄に書きなさい。**

① 私の夢は、父の後を継いで農業をしようと思います。〔　　〕

② 手紙を書いたり作文を書くのは好きだ。〔　　〕

③ 事故の知らせを聞いて、山本君はさぞかし驚いた。〔　　〕

④ クラス全員への納得させるのは簡単ではなかった。〔　　〕

ア　主述の関係の乱れ
イ　修飾・被修飾の関係の乱れ
ウ　副詞の呼応の乱れ
エ　並列関係の乱れ
オ　動詞とその周辺の助詞の間違い

2 **次の各文は不適切な文になっている。正しい文になるように、傍線部を修正しなさい。**

① 私の長所は物事を最後までやり遂げる。

② 一説によると、浮世絵が西洋への輸出品の緩衝材として使っていた。

③ 改革は決して容易である。

④ 彼は徹夜を続けていたため、病気の原因になった。

⑤ ここでの花火をすることは禁止されている。

3 **次の各文は二通りの意味に解釈できる。例にならって二つの解釈を誤解のない表現に書き換えなさい。（語句をつけ加えたり、語順を入れ替えたりしてもよい）**

例　貧しい彼の少年時代の夢は、サッカー選手になることだった。

「今は貧しい彼の、少年時代の夢は、サッカー選手になることだった。」

「彼の貧しかった少年時代の夢は、サッカー選手になることだった。」

① 重そうないくつもの鍵がついた鍵束を見つけた。

「　　」

「　　」

② 刑事はひそかに逃げ出した犯人を追った。

「　　」

「　　」

③ 僕は佐藤君のように速く走れない。

「　　」

「　　」

④ 今日の委員会は、一年生と二年生四人が欠席だ。

「　　」

「　　」

⑤ 僕は妹に自分の部屋を片付けてほしいと言った。

「　　」

「　　」

4 **次の各文中の（　）内に入る語として適当なものを選択肢から選び、記号で答えなさい。**

① たとえ夜遅くなったとし（ア　ても　イ　たら　ウ　ない　で）、必ず持っていく。「　　」

② まさか優勝候補が予選落ちなどということはない（ア　かもしれない　イ　のである　ウ　だろう）。「　　」

③ 本当に起こった出来事とはとうてい信じられ（ア　る　イ　ない　ウ　そうだ）。「　　」

④ どうぞお好きなものを召し上がって（ア　ください　イ　はいけません　ウ　みます）。「　　」

⑤ あたかも自分が見つけたかの（ア　である　イ　ものだ　ウ　ようだ）。「　　」

⑥ 有名人の彼とぜひとも友達になり（ア　そうだ　イ　たい　ウ　かねない）。「　　」

学習目標　接続表現の種類や用法を理解する。

書いて伝える②
——接続表現

教科書 p.158～p.159

検印

表現

知識・技能

1 次の各文の空欄に、接続表現を補いなさい。

① 氷は水より密度が小さい。〔　　〕、氷は水の上に浮く。
② 砂漠化は深刻な問題だ。〔　　〕、日本ではあまり議論されない。
③ 彼は勇敢なのか。〔　　〕、単に無鉄砲なだけなのか。

①〔　　〕②〔　　〕③〔　　〕

2 次の文を並び替えて意味の通る文章にしなさい。

ア しかし、これらの資源は無限には存在しない。
イ では、その新しいエネルギー源を何に求めればよいのだろうか。
ウ もちろん、これらがすぐ現在の地下資源エネルギーに取って代わることができるわけではない。
エ 現在、私たち人間は石油や石炭などの地下資源を活用してエネルギーを得ている。
オ したがって人類はいずれ訪れる資源の枯渇に備え、新しいエネルギー源を探さねばならない。
カ たとえば風力、太陽、地熱などの活用が考えられる。
キ つまり、使えばなくなってしまうものなのである。
ク だが、百年、二百年先のことを考えれば今すぐとりかからなければならない。

〔　〕→〔　〕→〔　〕→〔　〕→〔　〕→
〔　〕→〔　〕→〔　〕

3 次のA～Dの文が意味の通る文章になるようにB～Dを並べ替え、さらに空欄①～③に入る適切な接続表現を、それぞれ補いなさい。

1
A 植物は自分で動いて食べ物を手に入れることはできない。
B 〔①〕、私たちは植物を大切にしなくてはならない。
C 〔②〕、その過程で酸素を作り出してもくれるのだ。
D 〔③〕、光合成によって体内で栄養分を作ることができる。

A→〔　〕→〔　〕→〔　〕
①〔　　〕②〔　　〕③〔　　〕

2
A 今年の夏は猛暑だと言われている。
B 〔①〕、我々も今から節水を心掛けよう。
C 〔②〕、今年は梅雨にあまり雨が降らなかった。
D 〔③〕、水不足が懸念されている。

A→〔　〕→〔　〕→〔　〕
①〔　　〕②〔　　〕③〔　　〕

3
A 日本人は近代になって洋服を着ることが一般的になった。
B 〔①〕、最近では若者の間で再び着物の人気が高まっている。
C 〔②〕、伝統文化が新しい流行として復活したと言えよう。
D 〔③〕、彼らは着物を目新しいファッションとして見ているからだ。

A→〔　〕→〔　〕→〔　〕
①〔　　〕②〔　　〕③〔　　〕

4 次の四つの文を、あとの指示に従って二文にまとめなさい。（必要に応じて順番や文末などを変えてよい）

A　レオナルド・ダ・ヴィンチは天才だと言われた。

B　絵画のみならず設計・発明も手がけた。

C　下書きや未完の作品が多い。

D　彼には飽き性という欠点があった。

(1) A・BとC・Dの二文に分け、二文目冒頭に「しかし」を使う。

［　　　　］

(2) A・B・CとDの二文に分け、二文目冒頭に「なぜなら」を使う。

［　　　　］

5 次の二つの文を、（　）内の接続表現を用いて一文にまとめなさい。

「夏休みに猛勉強をした。」

「第一志望の大学に合格した。」（順接）

［　　　　］

6 次の各文の因果関係が成立する状況として適切なものを、あとのア～ウからそれぞれ選び、記号で答えなさい。

① 彼は球技が苦手だ。だから高校に入学したら野球部に入部するそうだ。

ア　彼は球技をするのが好きではない。

イ　彼の入学する高校では、何か一つ「苦手を克服する」取り組みをしないといけない決まりになっている。

ウ　彼が入学予定の高校には、球技の部活動が多く存在する。

［　　］

② 明日の天気予報は雨だ。しかし、マラソン大会は中止だろう。

ア　明日のマラソン大会は、雨でも決行する予定だった。

イ　明日のマラソン大会は、雨の場合には中止する予定だった。

ウ　明日は晴れているときだけ、マラソン大会を開催する予定だった。

［　　］

7 次の文章の空欄に入る適切な語句を、直前にある接続表現に注意してア～ウからそれぞれ選び、記号で答えなさい。

① グアムは晴れた空のイメージが強いが、実は雨季の降水量は非常に多い。たとえば私は雨季のグアムに五回行ったことがあるが、［　①　］。

ア　一日中雨が降らなかった日は一度もない。

イ　ショッピングが大好きなので、いつもお店に出かけている。

ウ　波が高く、シュノーケリングができない日が多かった。

［　　］

② グアムの雨は日本の梅雨と大きく異なる。日本の梅雨の場合、雨が長時間降り続くことが多い。一方、グアムの雨季は、［　②　］。

ア　とにかくたくさんの雨が降る。

イ　湿度が高く、日本と同様、あまり快適な気候とは言えない。

ウ　雨量こそ多いが、短時間で止み、すぐに晴れることも多い。

［　　］

学習目標 比喩や例示など、文の印象を変える表現上の工夫について学ぶ。

書いて伝える③
—表現の工夫

教科書 p.160〜p.161

検印

表現 —— 知識・技能

1 **次のア〜コの言葉の中から、外来語を三つ選び、記号で答えなさい。**

ア たばこ　イ 手品　ウ うさぎ　エ 物語
オ 人間　カ 報告　キ ぶりき　ク ふるさと
ケ かるた　コ 家屋

〔　　〕〔　　〕〔　　〕

2 **次の各文の傍線部を、例にならって漢語に言い換えなさい。**

例 二つの文章を比べる。→二つの文章を比較する。

① ルールは守らなければならない。〔　　〕

② 夜十時には寝ましょう。〔　　〕

③ 私には二つの違いがわからない。〔　　〕

3 **次の同じ意味を持つ三つの言葉は、それぞれ和語・漢語・外来語のいずれか、答えなさい。**

① 1 速度　2 スピード　3 速さ

1〔　　〕 2〔　　〕 3〔　　〕

② 1 ウォーキング　2 歩く　3 歩行

1〔　　〕 2〔　　〕 3〔　　〕

4 **次の各文で用いられている表現上の工夫の種類を、あとのア〜キからそれぞれ選び、記号で答えなさい。**

① いすに座ったまま足をぶらぶらさせる。〔　　〕
② 君の瞳はダイアモンドさ。〔　　〕
③ 今年初めて見たの。樹氷というものを。〔　　〕
④ 彼女は、あたかも病気であるような顔色をしていた。〔　　〕
⑤ 春の草原では、花たちが私にほほえんでくれる。〔　　〕
⑥ ドアをドンドンとたたく音がする。〔　　〕
⑦ あたり一面真っ赤に染める夕陽。〔　　〕
⑧ ぺちゃくちゃおしゃべりしてはいけません。〔　　〕

ア 体言止め　イ 擬態語　ウ 擬音語　エ 直喩
オ 隠喩　カ 擬人法　キ 倒置法

5 **次の各文の空欄にあてはまる擬態語を、あとのア〜オからそれぞれ選び、記号で答えなさい。**

① 〔　　〕夜が更けていく。
② 驚いて彼の顔を〔　　〕見つめた。
③ 終わったことを〔　　〕言い続けるのはやめよう。
④ 彼女はこの試合にかけた思いを〔　　〕語り続けた。
⑤ 手こずっていた問題が〔　　〕解けた。

ア くどくどと　イ するすると　ウ せつせつと
エ まじまじと　オ しんしんと

解説

さまざまな資料を読み解く

現代の社会生活で必要とされる国語の力を身につけるために、「現代の国語」で学習するさまざまな形式の文章の特徴や着眼点を整理しておこう。

実用的な文章

「実用的な文章」とは、実社会において、具体的な目的やねらいを達成するために書かれた文章のことであり、次のようなものがある。

・新聞や広報誌など報道や広報の文章
・案内、紹介、連絡、依頼などの文章
・手紙　・会議や裁判などの記録
・報告書、説明書、企画書、提案書などの実務的な文章
・法令文　・キャッチフレーズ、宣伝の文章

このほか、インターネット上のさまざまな文章や、電子メールの多くも、実用的な文章の一種と考えることができる。

実用的な文章の特徴として、読まれる相手やその文章が書かれた目的が明確であることがあげられる。その文章が誰に向けて、どのような目的で書かれたものかをつかんでおくと、内容を把握しやすくなる。

実用的な文章は、説明文や評論文といった文章に比べると、内容が平易で具体的であることが多い。しかし、一つの文章に含まれる情報量が多くなる傾向があるので、必要な情報だけを選び取って読む必要がある。どれが必要な情報でどれが不要な情報なのか、常に考えて読むようにしよう。

論理的な文章

「論理的な文章」とは、ある事象・テーマについて、筆者の問題意識や主張が展開される文章のことをさし、説明文、論説文や解説文、評論文、意見文や批評文などが含まれる。論理的な文章を読む際には、「テーマ」「論の展開」「筆者の立場」を捉えることが重要となる。

大学入試で論理的な文章が扱われる際には、一つの文章を読解するだけではなく、「複数の文章が提示される」「実用的な文章とセットで読まされる」「ごく短い文章が断片的に提示される」「文章に加えて図表などが示される」など、さまざまな形式で出題されることが想定される。このような場合にも落ち着いて対応できるように、資料の内容を的確につかみ、相互に関連付けながら読む習慣をつける必要がある。

また、最初に設問文を読むことで、問われている内容を押さえておくことができれば、長い文章を読む際の指針となることもある。

会話文

会話文とは、二名以上の人物が会話している場面を文章で示したもののことである。大学入試などで用いられる会話文は、ある文章を読んだ生徒どうしの対話や、生徒と先生の会話であることが多い。

会話文を読む際には、「登場人物」「登場人物どうしの関係性」「場面設定」を押さえることが重要となる。小説を読む際にも、誰と誰が会話をしていて、論点は何なのかを意識して読むことが重要であるが、会話文もそれと近い。

【会話文の例とポイント】

生徒Ａ：会話文が登場する問題が苦手です。どうしたらよいですか。

先　生：小説の解き方と同様に考えると、うまくいくことが多いですよ。小説では、登場人物、人物どうしの関係、場面設定をきちんと読み取ると、だいたいの内容を把握できます。それと同じように考えてみましょう。

生徒Ａ：なるほど、評論文の読み取りの中に一部、小説の読み取りが混じっているようなイメージなんですね。

●ポイント　**登場人物**…先生と生徒Ａの二名。

登場人物どうしの関係性…学習のやり方について、先生に気軽に質問できる関係。

場面設定…生徒Ａが会話文の問題に取り組む場面。

グラフ・図表

資料としてグラフや図表が提示される場合は、「極端な傾向」や「違い」に注目すると読み取りのポイントが見つかりやすい。

例としてあげた二つの資料は、ある高校が校内で実施したアンケートの結果である。資料１からは「二〇一九年は二〇一七年の同月と比較して貸出冊数が増加している月が多い」「貸出冊数が最も多いのは七月」ということが読み取れる。資料２からは「朝食を毎日食べる人は八割以上いる一方、食べない日がある生徒も二割近くいる」「朝食を食べない理由は『時間がない』『食欲がない』を合わせると七割以上になる」ということが読み取れる。

出題の中にグラフや図表が含まれる場合は、問われている内容によって、着目すべきポイントが変わってくるが、基本的には数量、率が多いところ・高いところに着目するとよい。

【グラフの例とポイント】

【資料１】図書館月間図書貸出数

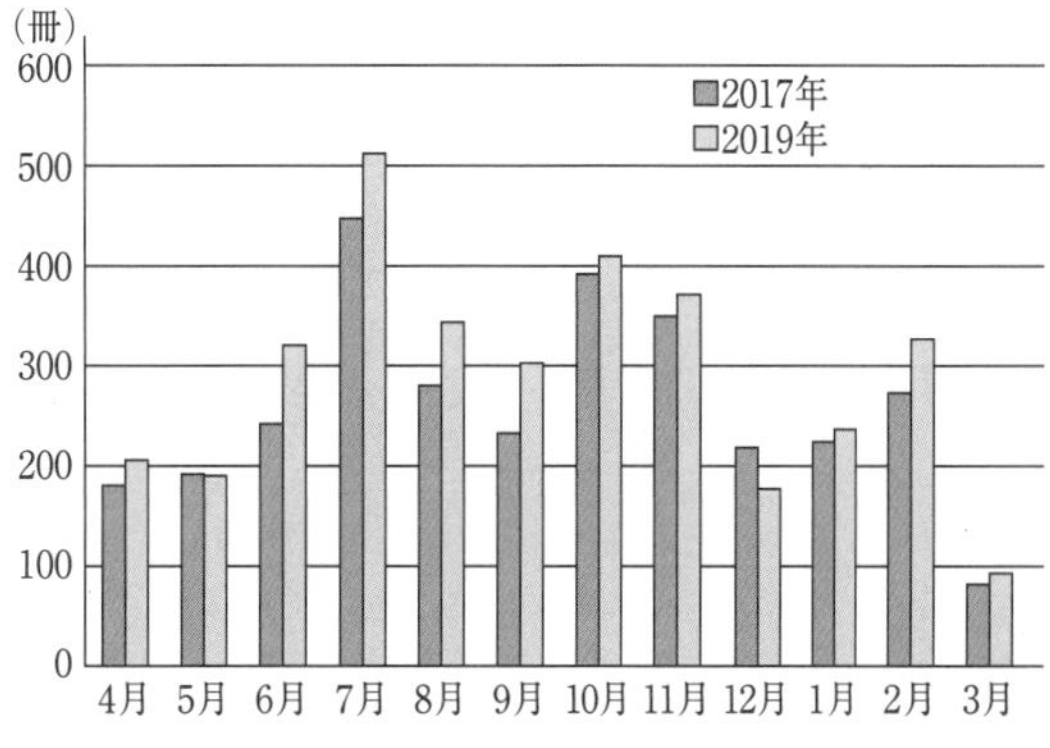

・五月と十二月を除いたすべての月で、二〇一九年の貸出冊数が二〇一七年を上回っている。

・一年間を通して見ると、七月の貸出冊数が最も多い。

【資料２】朝食を食べる頻度（左）と朝食を食べない理由（右）

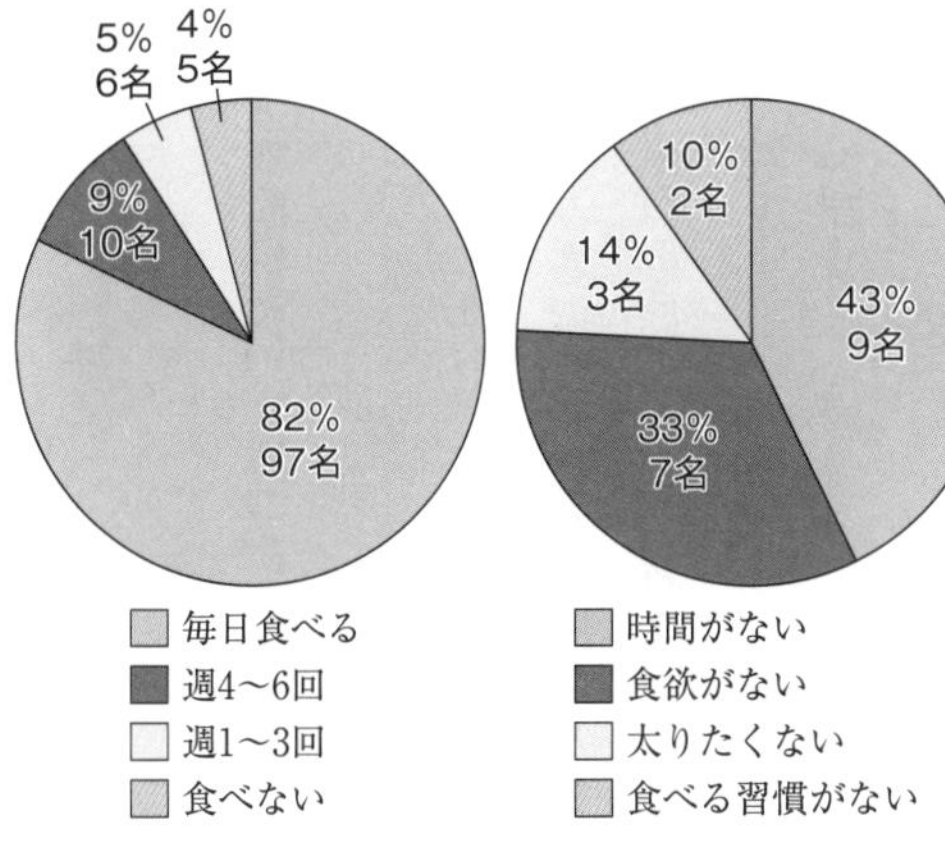

・朝食を毎日食べると回答した生徒の割合は八十二パーセントで最も多い。

・朝食を一日でも食べない日があると回答した生徒のうち、その理由を「時間がない」「食欲がない」と答えた者は計七十六パーセントである。

実践問題①　管理規約などを読み、ペット飼育について考える

検印

Aさんの居住しているマンションでは、条件付きでペットの飼育が認められることになった。犬を飼いたいと思ったAさんは、自宅で両親と話し合いを行った。以下はそのときの会話の様子を示したものである。これを読んで、あとの問いに答えなさい。

【会話文】

Aさん：いよいよこのマンションでもペットを飼っていいことになったんだね。犬を飼いたいな。

母：犬を飼うのは大変だと思うよ。いったいどんな犬を飼いたいの。

Aさん：ブルドッグがいいと思っているんだけど。

父：ブルドッグの成犬はどれくらいの大きさになるんだ。

Aさん：インターネットで調べてみると、「体高三十三から四十一センチメートル、体重二十五キログラム前後」と書いてある。

父：そこには体長は書いてないんだね。

母：あなたはスマートフォンで何を調べているの。

父：今回改定された、マンションの管理規約（**【資料1】**）だよ。住民向けの説明会があったけど、マンションの住民専用ウェブサイトでも閲覧できるんだ。ペットの飼育について管理規約が追加され、具体的なことはペット飼育細則で規定するらしい。これを見ると、①ブルドッグは飼えそうにない。

Aさん：残念。ブルドッグをバルコニーに放して一緒に遊ぶのが夢だったのに。

父：その夢は、もう一つの理由からもかなわないみたいだね。ペット飼育細則では［　　　］を禁じているよ。

Aさん：えっ、どうして。このバルコニーはうちのものでしょう。

母：このバルコニーはわが家「専用」ではあるけど、いざという時の避難経路にも使われるから、完全にわが家だけのものとも言えないの。マンションの「専有部分」というのは、壁や床や天井に囲まれた居住空間のことを言うんだよ。

Aさん：うわあ、室内飼いということか。外に出られなかったら、犬にとってはストレスになるだろうな。キャンキャン鳴くかもしれない。

父：それでは犬がかわいそうだし、鳴き声がうるさいと住民トラブルにもつながりかねないよ。

Aさん：犬のストレス発散と運動不足解消のためには、できるだけ毎日散歩に連れて行かないといけないね。

母：その点、猫は散歩をさせなくていいから犬より飼いやすいと思うんだけど。

父：猫なら鳴き声問題も少ないかもしれないな。

母：②最近は犬より猫のほうが人気があるみたいだし、考えてみたらどうかな。

Aさん：いずれにしても、ペットを飼うことは大きな責任を伴うから、もっとよく調べたり話し合ったりする必要がありそうだね。

管理規約（抄）

第11条（ペットの飼育）　ペットを飼育する者は、ペット飼育細則を遵守しなければならない。ただし、他の居住者から苦情の申し出があり、改善勧告に従わない場合には、理事会は飼育禁止を含む措置をとることができる。

ペット飼育細則（抄）

第１条（趣旨）

管理規約第11条（ペットの飼育）に基づき、動物の飼育に関する規則を定める。

第２条（飼育できる動物の種類及び数）

1　飼育できる動物は、一専有部分につき２頭羽を限度とする。ただし、観賞用の小鳥・魚、及び小動物はこの限りではない。

2　犬及び猫は、体長（胸骨から尾骨まで）おおよそ五十センチメートル以内、体重おおよそ十キログラム以内とする。介護犬、盲導犬、聴導犬は適用を除外する。

3　小動物とは、籠や容器の中で飼育され、法律で飼育が認められているものとする。

第３条（飼育動物の把握）

1　ペットの飼育を希望する者は、申請書を理事長に提出すること。

2　ペットの飼育を承認された者は、理事会が発行する標識を各戸の玄関に貼付し、ペットを飼育していることを明示すること。

3　ペットが犬の場合には、毎年狂犬病予防注射を受け、鑑札と注射済票を犬に装着すること。

第４条（飼育方法）

1　ペットの飼育は専有部分で行い、廊下、エレベーター、エントランス、バルコニー、ポーチ、専用庭等の共用部分に放さないこと。

2　共用部分ではペットを抱きかかえるか籠や容器に入れるかして、逃走を防止するとともに、他の住居者に配慮すること。

3　ペットの鳴き声、悪臭、毛や羽、排泄《せつ》物等により、他の居住者・近隣住民に迷惑をかけないように、責任をもって管理すること。

4　ペットは清潔に保ち、疾病予防を心がけるとともに、ノミ、ダニ等の害虫の発生防止にも留意すること。

5　ペットによる事故・汚損・破損等が発生した場合、飼育者がその責任を負い、速やかに対処すること。

内容の理解

思考力・判断力・表現力

1 【資料1】を説明したものとして、適当なものを次から選びなさい。

ア　マンション住民に向けて、ペットを飼育する際の取り決めを示した文書。

イ　マンション住民がペット飼育について会議をした際の討議の状況や結果を記載した文書。

ウ　マンション住民に向けて、マンション内でのペット飼育に関する説明会を開催することを通知する文書。　〔　　〕

2 【会話文】に傍線部①「ブルドッグは飼えそうにない。」とあるが、父がそのように判断した理由を説明した次の文の空欄に入る語句を、【資料1】「ペット飼育細則」から十五字以内で抜き出しなさい。

飼育可能な犬は、〔　　〕とあるが、インターネットで調べると、ブルドッグはそれより大きくなると書かれているから。

3 【会話文】にある空欄にあてはまる言葉を、二十字以上二十五字以内で書きなさい。（句読点は含めない）

4 【会話文】に傍線部②「最近は犬より猫のほうが人気があるみたいだ」とあるが、母は次の【資料2】を見て、このような印象を持ったようである。これをふまえて、次の問いに答えなさい。

【資料2】平成30年度全国犬・猫推計飼育頭数

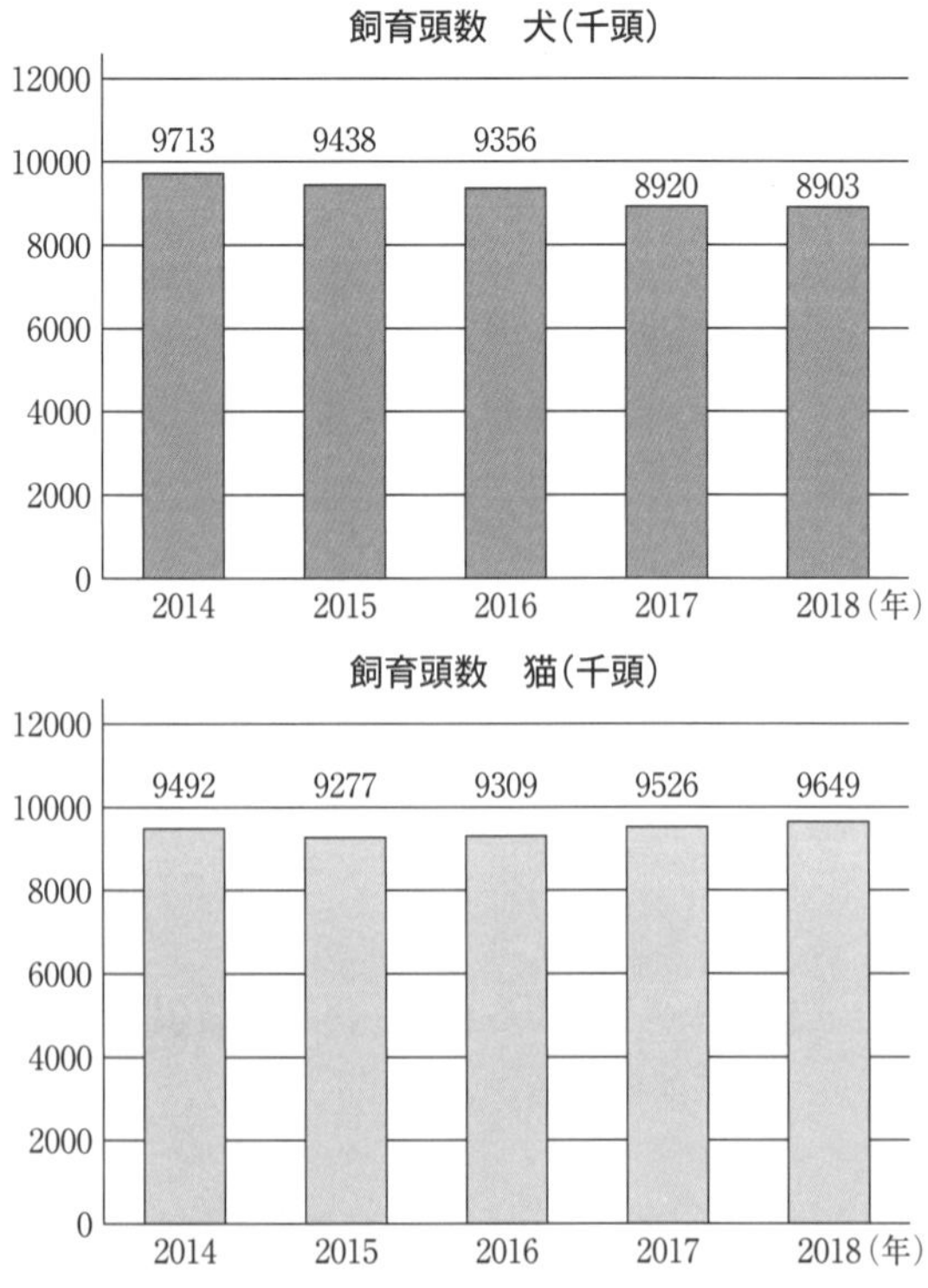

※一般社団法人　ペットフード協会「平成30年全国犬猫飼育実態調査」による

(1) 母は【資料2】からどのような情報を読み取ったのか、答えなさい。

〔　　〕

(2) (1)の理由を、母はどのように考えているか、「母は、〜と考えているから。」という形に合うように、三十字以内で答えなさい。

母は、

と考えているから。

学習目標　さまざまな資料の読み方を学ぶ。

実践問題2　データを読み、商品の企画を考える

検印

○○高等学校では、探究学習としてK市の観光ガイド本の企画を行うことになり、その方法を学ぶために、地元の出版社である「みやび書房」を訪問した。

○○高等学校は、日本でも有数の観光地であるK市にあり、みやび書房でも観光ガイド本を出版している。みやび書房の訪問を終えた生徒どうしの話し合いの様子を示した【会話文】と、K市の観光客に関するデータをまとめた【資料1】【資料2】を読んで、あとの問いに答えなさい。

【会話文】

生徒A：みやび書房で学んだことをふまえて①商品企画の話を始めようか。企業訪問のときにいただいた、二〇一一年発行の修学旅行生向けの観光ガイド本、あまり売れていないそうだね。

生徒B：すごく手間がかかっている本だという話だったよね。なぜ、売れなかったんだろう。この本って、修学旅行生向けだからか、いわゆる観光ガイド本とは内容が違うよね。たとえば、観光地周辺の飲食店の情報が書かれていないし、各観光地についても、その場所の歴史と、そこにまつわる文学が紹介されている。「歴史と文学を探る」というのが、この本のコンセプトだと言われていたね。

生徒C：担当の方の説明では、「K市を訪れる修学旅行生が減ってしまったので、売れなくなってしまった。」ということだったね。それは本当なんだろうか。

生徒A：「K市を訪れる修学旅行生数の推移」を示したグラフ（**【資料1】**）を見てみよう。

生徒B：グラフを見ると、みやび書房の分析は［　　　　］ということがわかる。

生徒C：そもそも、修学旅行生向けなのに二千円って高くないかな。

生徒A：この本は、「文字どおり足で原稿を書いている。」と言われていたよね。観光地なら、駅から徒歩で何分かかるかということも、実際に歩いてみてから書いているそうだ。そのうえでK市の歴史と文学を探るというコンセプトで編集されているらしい。

生徒B：手間がかかっている分、価格が上がっているのかもしれないね。修学旅行生がグループ研修などでK市を回るときに、この本を使って歴史と文学を勉強してもらいたいという思いで作られているということだったよね。

生徒C：それはどうかなあ。修学旅行のグループ研修は、せいぜい数時間だよ。そのためにわざわざ本を一冊買おうと思うかな。修学旅行には旅行会社が紹介パンフレットを用意してくれるし、インターネットでもいろいろ調べられるから、それで十分だと思う。

生徒A：たしかに。今の時代に売れる本を作るって大変そうだね。

生徒B：今回勉強したことを企画に生かさないとね。僕たちが企画するのは、売れる観光ガイド本だよね。まず、どういう年齢層に向けた本を作るかを決めないと。「K市を訪れる観光客の年齢層

内訳」のグラフ（【資料2】）を見てみよう。

生徒C：②これを見ると、みやび書房の本は売りにくそうだよね。僕たちが売れる本を作るためには、最も観光客数の多い年齢層をターゲットに本を制作したほうがいいんじゃないかな。

生徒A：この層にアピールする本はどういったものだろう。みやび書房の修学旅行生向け観光ガイド本のどこを変えると、この層向けになるかって考えると、いい案が出るかもしれないよ。

生徒B：なるほどね。そういう観点で見たら、この層の人は、駅から自分の足で観光地まで歩くかな。

生徒C：歩くのは体力的に難しい人も多いかもしれないね。

生徒A：だとしたら、歩かない場合を考慮して、バスや鉄道、タクシーなどの情報を充実させるべきじゃないか。

生徒B：あと、この本には飲食店の情報が載っていないけれど、この層には、こういう情報も重要だよね。しかも、「量より質」の追求になるんじゃないかな。

生徒C：新しい観光ガイド本の企画の基本路線が見えてきたね。でも、こういう本はもうたくさん発行されているよ。ほかの本との差別化を図るために、みやび書房の本の、「歴史と文学を探る」というコンセプトを踏襲するといいかもしれない。今、大人の学び直しもブームになっていることだし。

生徒A：なるほど。この企画案ができたら、会社訪問のお礼の手紙の中に入れようよ。

【資料1】修学旅行生数の推移（全国、K市）

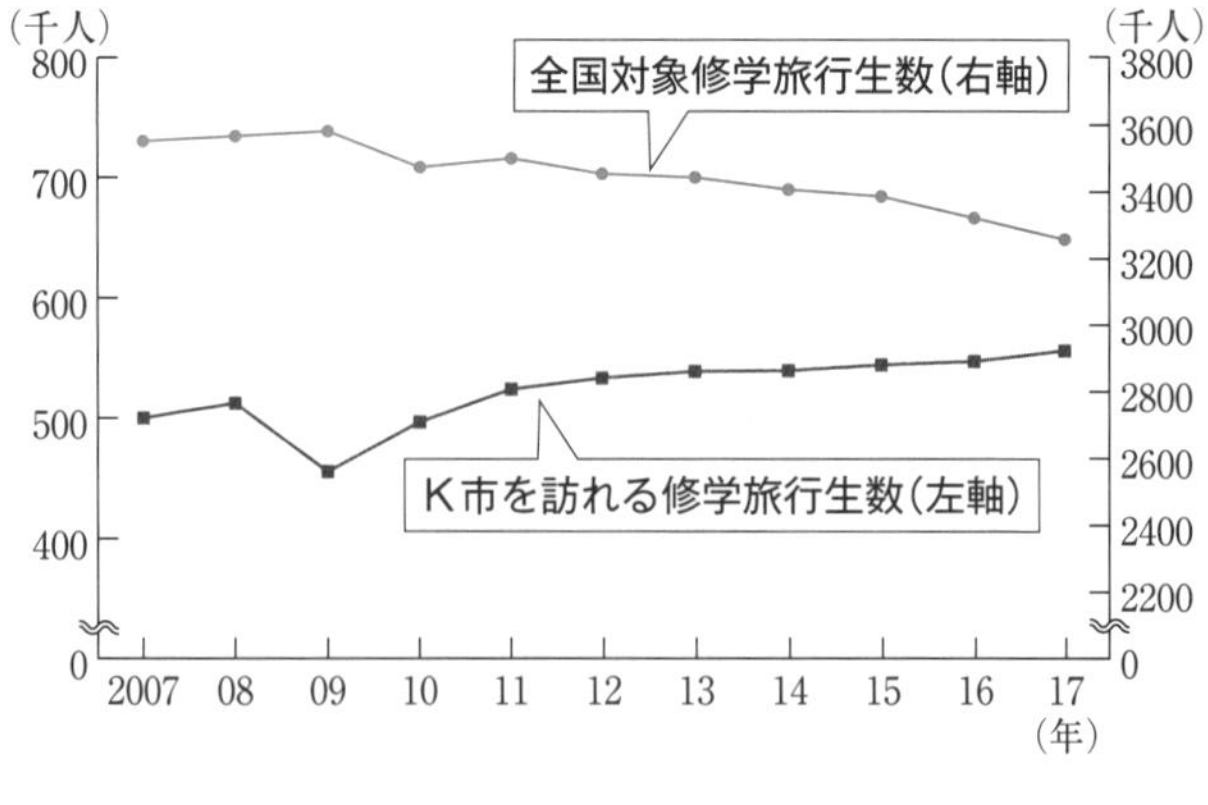

【資料2】K市を訪れる観光客の年齢層内訳

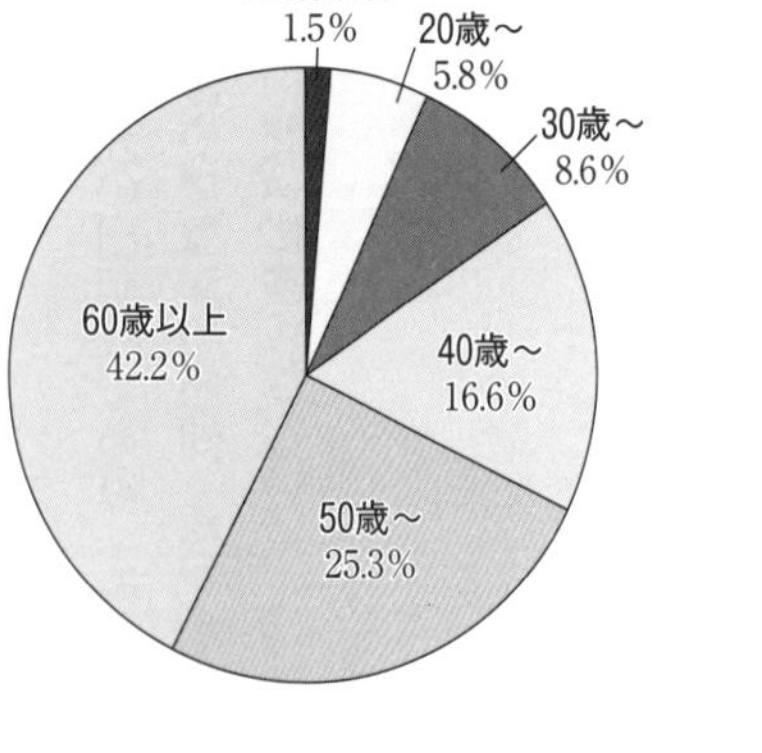

※資料1、2はいずれも第一学習社による創作。ただし資料1の「全国対象修学旅行生数」は、文部科学省「学校基本調査」による。

内容の理解

思考力・判断力・表現力

1 **【会話文】に傍線部①「商品企画」とあるが、生徒たちは何の企画を立てようとしているのか。十字以内で答えなさい。**

2 **【会話文】の二つ目の生徒Bの発言について考えるために、次の問いに答えなさい。**

(1)【資料1】からわかることをまとめた次の文章の空欄①〜⑤に、「増加」「減少」のいずれかを入れて、文章を完成させなさい。

K市を訪れる修学旅行生数は、二〇〇九年に大幅な〔　①　〕をしているが、翌年すぐに〔　②　〕に転じ、その後は緩やかに〔　③　〕傾向を示している。少なくとも観光ガイド本が出版された二〇一一年以降は〔　④　〕していない。一方、「全国対象修学旅行生数」は、二〇一一年以降一貫して〔　⑤　〕が続いており、K市の傾向は全国の傾向と反していると言うことができる。

①〔　　〕　②〔　　〕　③〔　　〕　④〔　　〕　⑤〔　　〕

(2)【会話文】の生徒Bの発言中の空欄に、「正しい」「正しくない」のうち、適当なものを入れなさい。〔　　〕

3 **【会話文】に傍線部②「これを見ると、みやび書房の本は売りにくそうだよね。」とあるが、生徒Cがこのように述べた理由として最も適当なものを次から選びなさい。**

ア 修学旅行生向けの本であっても飲食店の情報は必要であるのに、その情報が書かれていないから。

イ 旅行会社がK市の紹介パンフレットを用意してくれるため、修学旅行生が本を買う必要がないから。

ウ K市を訪れる観光客の中で、修学旅行生が含まれる二十歳未満の割合が最も少ないから。〔　　〕

4 **生徒たちが考えた企画の内容について、次の問いに答えなさい。**

(1) 生徒たちが企画のターゲットにした年齢層を答えなさい。なお、年齢層はグラフの内訳に示された区分によること。〔　　〕

(2) 生徒たちの企画の内容をまとめた次の文の空欄①・②にあてはまる語句を、①は十二字程度、②は二十字程度で答えなさい。

> コンセプト：〔　①　〕。
> 基本路線：(1)の年齢層向けに〔　②　〕の情報を充実させ、ほかの観光ガイド本との差別化を図る。

①

②